筑摩選書

西郷甲矢人
Saigo Hayato
田口 茂
Taguchi Shigeru

〈現実〉とは何か

数学・哲学から始まる世界像の転換

〈現実〉とは何か　目次

〈現実〉とは何か

数字・哲学から始まる世界像の転換

序

現実とは何か？　このようなことをあらためて問う人はあまりいない。仮想現実（virtual reality）などを念頭に置きつつ、「現実と非現実」の区別を問題にするといったことがあるが、その場合でも、「現実とは何か」については、「自明＝あたりまえ」としてすでに前提しており、あらためて問題にしないことが多いのではなかろうか。「現実を見ろ」とか「とにかく現実は現実なんだから認めなければ」などと言われることもあるが、その場合でも、まず「現実とは何か」を説明することから始めることはない。「現実とは何か」はすでにわかりきったこととして頭から前提されているのである。だがそこで、われわれがもうすでに特定の現実観を前提にしてしまっているとしたらどうであろうか。そして、「現実」というものを必ずしもそのように見る必然性がないとしたら？

われわれは、何らかの「自明」と見なされている現実観にもとづいて現実を見ているのであり、それがわれわれ自身のものの見方の「枠組み」を成してしまっている。われわれはいわばそのフィルターを通して現実を見ているのであり、そのなかでしかものを考えられず、そのなかでしか行為できないような状態になっているのではなかろうか。われわれが「現実」というものをどう理解するかということが、われわれの「ものの見方」だけでなく、それにもとづいて行われるわれわれの行為全般、ひいては生き方に至るまでを左右しているのである。

この小さな書物は、科学一般、学問一般に変革を促すささやかな提案の書である。それだけではない。およそ「現実」というものにかかわって生きるわれわれにとって、当の「現実」というものの考え方・捉え方・イメージを変革していくことを提案している。つまり本書は、「ものの考え方」と、「われわれの生き方」の両方にかかわる根本原理を探究している。（本書の叙述が、およそどのジャンルにもうまく収まりそうにない奇妙なものであるのは、そのためである。）

もちろん、これが「現実」についての唯一の原理であると主張するつもりはない。しかし、かなりの程度普遍的な原理ではないかとわれわれは思っている。この九年ほど、われわれ著者はこの根本原理について対話を続け、その射程や含意を吟味してきた。この作業の帰結が本書である。対話のなかで、この原理は、われわれ著者にとってはかなり明確な形をとるようになっているのだが、既存の言葉でそれを語ることは容易ではない。われわれは「非規準的選択」や「置き換え」といった概念を使いながら、様々な事柄に即してわれわれの考えを実地に試してみることにより、この原理を描こうとしている。それらはいずれも、さらなる思考の糸口を手探りしてゆく最初の試みにすぎない。

本書は、「現実」というテーマをめぐって、数学者と哲学者が九年間にわたって行ってきた対話の成果である。詳しい経緯はあとがきに譲るが、あるきっかけでこの対話を開始して以来、著者たちは「なぜこれほど話が通じるのか?」をいぶかしく思ってきた。その答えについて、いまではこう思っている。それは著者たちがいずれも、学問分野としての数学や哲学を対象としているというより、数学や哲学を通して、いつも「現実」について考えているからではないか、と。

「数学」や「哲学」というと、世間ではむしろ「現実離れ」した学問の代表とも思われている。しかし、筆者の一人である田口が主に取り組んできた「現象学」という哲学の一分野は、「事象そのものへ!」というそのモットーからもわかるとおり、とりわけ現実に即していこうとする志向が強い。その田口が西郷との対話を始め、数学、とりわけ圏論についての西郷流の説明を聞いたとき、それが現象学的な現実の捉え方と深く通じあうことに気づいた。(圏論が、いわゆる「数」さえも前提しない、そのもっとプリミティヴな数学的概念である「射(矢)」〈arrow, morphism〉から出発して数さえも再構成できるということは、田口にとっては衝撃だった。)西郷の側の実感も同じだった。現象学と圏論的思考が通底するということは、著者たちには、見た瞬間にわかるほど自明だったのである。そしてその実感は、著者たちにとって、互いが追い求めていた「現実の手触り」のようなものと結びついていたのである。

こんなことを言うと、「現象とその数学的モデルを混同しているのではないか」という批判が専門家から寄せられそうである。その文脈では、現象からその数学的モデルを切り離すことは大事なことであり、両者の混同を注意深く排除することは重要なことである。また、数学の発展においても、ある概念がすでに知られた現象のモデルとなっているか否かにかかわらず、興味の赴くままに研究を進めていくことはもちろん大切なことである。こうしたことから、「数学は現実離れしている」という印象が生み出されてきたのかもしれない。

しかし、それにもかかわらず、著者の一人である西郷はその数学や数理物理の研究、あるいは数多くの他分野の研究者たちとの共同研究を通して、次のような強い実感をもつようになってきていた。すなわち、たとえどれほど「数学から遠い」と思われる分野であっても、また自身が数学に対して苦手意識をもっている研究者であってさえも、現実に真正面から取り組もうとすれば、それは結果として「数学になってしまう」のではないか、という実感である。

実際、このようにして生み出された数学の分野は枚挙にいとまがないし、他の分野の人々から見て「現実離れ」しているように見えても、数学者が数学的概念に取り組むその思考のあり方は、少なくとも本人からすれば「現実との格闘」以外の何ものでもない。むしろ、数学とは、「徹底的に」現実に即していこうとするところに、不可避的に露呈する思考のあり方そのものなのではないかと考えるようになってきたのである。この実感は、西郷が哲学者である田口との対話を行い、本書を執筆する間にますますクリアになってきた。数学は「現実離れ」どころではなく、数学について考えることと現実について考えることは一体なのではないかと考えるようになってきたのである。

　こうした実感がどこから由来してくるのか、その根拠を一つ一つ探り当てていくことから著者たちは出発した。その最初の手がかりが、現代物理学における「量子場」の概念であった（第一章）。それを通してわれわれは、現実の現実たるゆえんを実体的な何かに求めるという考え方を吟味した。「粒子」という究極的な実体があると考えるのも、粒子がそこから現われ出てくる「場」を究極的な実体と見なすのも不適切である。そこに見られる事態を正確に言い表そうとするとき、「不定元」という数学的概念が浮かび上がってくる。哲学的にいえば、「実体」的なものに囚われがちなある種の性癖からわれわれの思考を脱却させる装置として、数学的概念が機能するのである。数学とは、われわれの思考を縛るものであるより、「問いがなければ答えがない」という仕方で、われわれの思考を「動かす」ものなのである。

　こうして明らかになりはじめた「数学」なるものに対して、さらに明確な輪郭を与えようとしているのが第二章である。この章では、「数学とはいったい何なのか？」という問いにストレートに取り組んでいる。数学には、一般に静的《スタティック》なイメージがつきまとい、「実体」に親和的とも思われがちだが、それがどうしてそうではないのか、を数学が立ち上がる場面から説き起こそうとしている。そこでわれわれが提案するのが「非規準的選択」という概念である。非規準的選択とは、簡単に言えば「何かを選ばなければならないが、一義的に決まるわけではない選択」を意味する。このような選択は、むしろ数学とは無縁であると考える読者も多いかもしれない。しかし、われわれはこの非規準的選択こそが、「それが消えることを通して」数学の普遍性・一般性を可能にするものであることを論じていく。これはいわば、数学を根本的にダイナミックなものとして捉えなおそうという試みである。ここで鍵となるのが「置き換え可能性」である。すなわち、もともとは置き換え不可能・比較不可能な個的なものを置くということが、その出来事自体を「消す」ことによって、そこで置かれた個的なものを他の諸々の項と置き換え可能にするということが起こっているのである。この「一般構造」を通して、時間、空間、真理をも新たな仕方で捉えなおすことが可能となる。こうして、「数学とは何か」という問いが、「現実とは何か」という問いと重なってくるのである。

この重なりを直接に問題としているのが第三章である。ここでは、その「同じ一つの問い」を問うために、現象学と圏論について踏み込んで論じている。現象学は、現象の動きや変化と、そのなかで「変わらないもの」とが織り成す「現われの構造」を問題とする。これと通じ合うのが、圏論によって可能となる「同じさ」の捉えなおしである。圏論を通して「同じさ」は、最終的にネットワーク（さらにはネットワークのネットワーク）へと捉えなおされてゆく。こうしてわれわれは、「同じさ」に固着する思考から、「自然変換」と呼ばれる変換そのものへと軸足を移していくことが可能になる。このことは、数学についての数学とも呼ばれる圏論が、第一章や第二章で論じてきた現実についての思考のあり方、すなわち「個々のものに固着しないが、個々のものをおろそかにするわけでもない」という思考を体現するものであることを意味している。

ここから第四章では、こうした数学的思考から、そのうちに含まれる倫理的なポテンシャルを解放することを試みている。「私」という語のポイントが、何かを固定するより、むしろ「置き換え可能性」にあるという点を指摘し、「私」という語の理解の核心に自然変換がある、と論じていく。この「置き換え可能性」を理解することが、「倫理」につながる。「置き換え可能性」とは人間を単に置き換え可能な部品と見なすことではない。どこまでも自己の立場に立つということが、「置き換え可能性」の構造を通して、ただちに「他者を尊重する」ことにつながる。自己と他者が置き換え不可能なかけがえのなさをもつということそれ自体が、ここでいう「置き換え可能性」の構造を通してはじめて理解されうるのである。ここでも鍵となるのは、「個々のものに固着しないが、個々のものをおろそかにするわけでもない」思考である。「私」を実体化することから離れて、「不定自然変換」と呼ばれうるあり方へと立ち戻ることが要請される。総じて第四章では、実体から変換へ、同じさから変換への思考の転換が強調され、最終的に「自由」へと思考の軸足を移すことが論じられる。

これを受けて、第五章では「自由」の問題に踏み込む。ここではまず、決定論と因果性との違いを論じた上で、依存と自由の関係を明らかにする。そこで再び、「非規準的選択」と、われわれが「現実の一般構造」と呼ぶものが浮かび上がってくる。さらにこの章では、この現実の一般構造を「非可換確率論」を通して掘り下げる。この考察は、「普遍性とは自由な変換可能性そのものだ」といった考えへと至る。こうして、「自由の方から現実を捉えなおす」可能性が開かれてくるのである。

本書の元になる対話を始めた当初から、「数学とは現実に即した思考である」という確信はあったが、最初はわれわれもどこへ辿り着くのかはわからなかった。しかし、行き先がわからないまま、できるだけ事柄に即してそれを問い深めていく努力を続けた結果、「自由」という思わぬ地点にまで突き抜けることができた。

このような思考の可能性を、われわれ二人だけにとどめておくのではなく、ぜひ多くの人々と共有したいと思ったのが、本書を上梓しようと考えた理由である。これは単なる始まりにすぎず、本書から始まる「思考を自由にする変換」の営みが、次々に変換の連鎖を生み出し続け、それが各所で現実を縛る様々な拘束から、現実そのものを解放してゆく機縁となることをわれわれは望んでいる。

第一章

実体から不定元へ

——「量子場」概念の根本的再考

現実について考える上で、物理学を無視することはできない。ところが、現代の物理学は、これまでの思考の延長線上では理解できないような現実の姿を提示している。現代の物理学がわれわれに迫っている「思考上の革命」とは、究極的にはいったい何を意味しているのだろうか？――現代物理学が、われわれの自然観、現実観に革命を起こしたとしばしば言われる。しかし、それがどのような革命であり、どのような革命としてわれわれが受け止めていくべきかについて、一般的な共通理解があるわけではない。それどころか、たとえ優秀な物理学者であったとしても、この点について本当に誰もが腑に落ちるような答えをもっているわけではない。たとえば、「光が波動であり同時に粒子である」とよく説明されるが、このことをいったいどのように理解したらよいのか。相容れない二つの事態をただ結びつけただけでは、それを「理解した」とは到底言えない。ファインマンが述べているように、「誰も量子力学を理解した人はいない」と言っても過言ではない(1)。これに対し、「理解しなくても使えればよい」というのが通常の科学者の態度であろう。あるいは、理解できるように思えるところだけを部分的に採り入れて折衷的な「思想」を作り上げることで満足するような場合もあるかもしれない。だが、そのような態度にとどまるかぎり、われわれは、どこか腹の底に居心地の悪さを感じ続けながら、それをごまかして思考し続けることになるのではないか。われわれがここで取り組みたいのは、このような居心地の悪さを醸し出している源泉へと、できるだけ素直に、まっすぐに入り込んでゆくことである。

語り口は平明であることを心がけたが、ここで扱っている問題は、物理学者でさえ通常は踏み込まない根本的な領域に踏み込んでいる。それはいいかえれば、物理学者にとっては自明な前提に属するような事柄を問題にするということである。このような前提をあえて問いなおすことは、「哲学的」な問題に踏み込むことになるため、普通の物理学者は好まない。彼らにとって、物理学そのものを先に進めるためには、そのような前提に踏み込むことは不必要な作業であるように思われるのである。だがそれゆえに、物理学は、ある根本的な不明瞭さをその核心に抱え続けることになってしまっている。本章があえて踏み込もうとするのは、そのような問題圏である。哲学的な思弁を振り回すのではなく、できるだけ簡素な論理の積み重ねによって一歩一歩この問題圏に踏み込んでいくならば、そこに現われてくる認識は、物理学者にとっても決して無意味なものとは思われないだろう。それは、近代の物理学の批判を超えて、われわれが長い歴史のなかで慣れ親しんできた思考のあり方を、批判的に問いなおすことにもなるだろう。とりわけ、現実のなかに「実体的な何か」を置こうとする思考や、数学と現実を、見えない壁で隔絶された二つの次元と考える思考が、以下の議論のなかで解体されてゆくことになる。以下の議論の根本には、「現われるものを現われるままに受けとる」という現象学的な思考法が含まれているが、既成の理論としての現象学を単に応用したものではない。素朴な実体観を解体し、現象そのものに即するということを、物理学的現実観の掘り下げを通してさらに徹底し、新たな形での現象学的思考——科学者にも開かれた現象学——を提案することをも目論んでいる。

できるだけ具体的に論を進めるために、まず「二重スリットの実験」を例にとりながら、本章の問題へと入っていくための導入としたい[2]。

1 「場」とは何か──二重スリットの実験から

写真の乾板を用意し、そのまえに光を遮る衝立を置く。ただし、その衝立には二本の細いスリットを開けておくとしよう。そこに弱い光を当ててみる。すると乾板は、ポツポツとまばらに、そして点状に感光していく。ところがこれを繰り返していくと、初めまったく無秩序にみえていた感光点の分布は、しだいにはっきりとした縞模様として立ち現われてくる。

古典的な光の理論によるなら、光は波なので、全体にうっすらと縞状に感光しそうなものである。しかし、そうはならず、ポツポツとまばらに感光する。どこに感光するかは、予測がつかない。にもかかわらず、それを蓄積していくと、全体のパターンとしては縞模様が現われてくる。これが「光は粒子であり波動である」と一般に言われる所以である。

このような言い方をすると、次のような印象を受けるかもしれない。すなわち、「光はまず粒子としてあって、その粒子一つ一つの着弾点は予測がつかないが、それを積み重ねていくと、統計的に言えば波動のパターンが現われる」という印象である。多くの物理学者も、さしあたり「そう言っても問題はない」と思っている。ところが、「粒子である」ということを、あまりにも額面通りに受け止めてしまうと、困惑するような事態が至るところで起こるのである。

　最も簡単な例を挙げよう。先ほどの二重スリットの実験で、一方のスリットをふさいでみるとどうなるか。この場合、同様の実験を繰り返しても、縞模様は現われず、スリットに近いところは密度が高く、遠くなるにしたがってまばらになっていくような単純な感光のパターンが現われてくる。

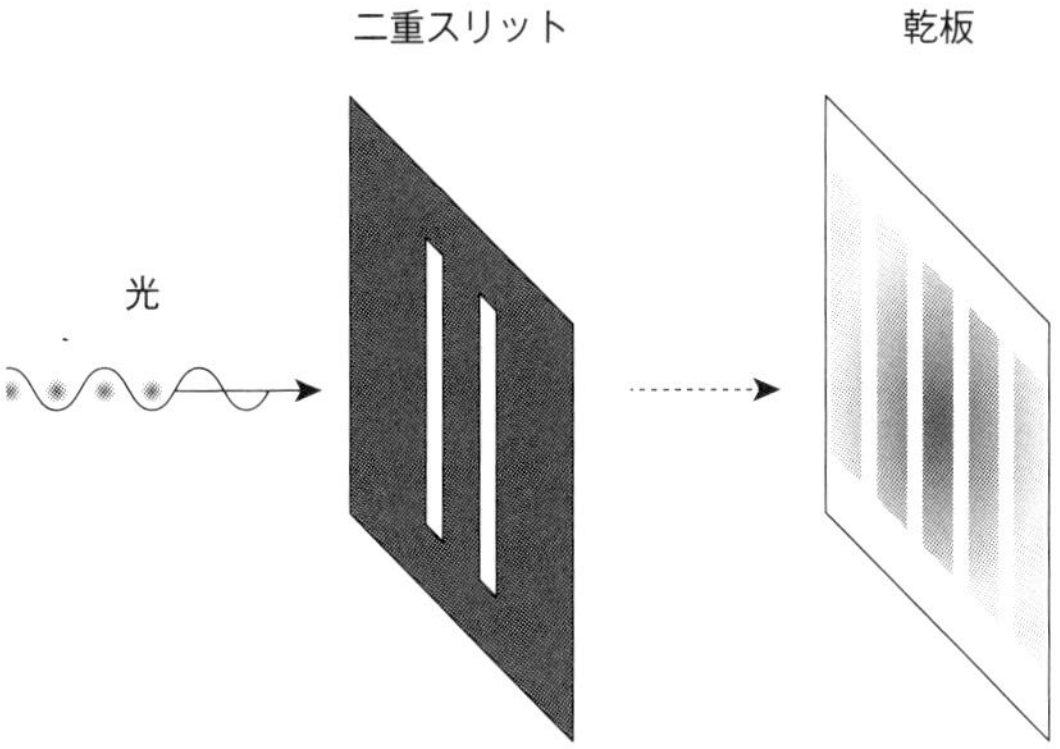

図1　二重スリットの実験図

　これはとても不思議なことである。なぜ不思議なのだろうか？　光が最初から一貫して粒子のまま飛んでいくのだとすると、スリットが二つとも開いていれば、二つのスリットのどちらか一方を通るはずである。そうであるならば、二重スリットの実験の結果は、二つの一重スリットの実験結果を単純に足し合わせたようなものになるはずである。すなわち、それぞれのスリットに近いところでは密度が高く、遠くなるにしたがってまばらになっていくような（二山の）パターンである。ところが現実には、まったく違ったパターンが現われる。

　もし光が粒子であるとすれば、一つの粒子は、一方のスリットを通るはずであり、他方のスリットがふさがれているかいないかは、関係がないはずである。そのような結果を蓄積して、統計的に見るのだから、全体としてみても、一方のスリットがふさがれているかいないかは、やはり関係がないはずである。一つ一つの粒子はどちらかのスリットしか通れないはずだから、全体として現われてくるパターンは、各スリットで実験した結果を単純に足し合わせたようなものになるはずである。ところが、現実はまったく異なるということは、ここまでの推論のどこかがおかしいということである。

この推論は要するに次の仮定にもとづいている。すなわち、一つ一つの粒子の行動は、一方のスリットがふさがれているか否かには関係がないはずだという仮定である。しかし、実際の結果にもとづけば、そこには明らかに関係があるように見える。あたかも光の粒が、発射されるときにすでに、一方のスリットがふさがれているか否かをあらかじめ知っているかのようなのである。仮に粒子を擬人化して述べてみよう。粒子がある小さな場所にいて、その周囲のことしか知りえないとすれば、一方のスリットが開いているか否かは、飛び出す瞬間にはわからないはずである。そうでないとすれば、粒子は遠く離れたスリットの状態を、何かテレパシーのような神秘的な作用によって発射の瞬間にすでに知っていることになるのだろうか。もしそのような想定を認めるなら、科学全体を書きなおさなければならなくなるだろう。

粒子として記述されるものと全体の状況とは明らかに関係している。ただし、その関係を、テレパシーのような神秘的関係ではない仕方で捉えるとすれば、どのような考え方があるだろうか。

そこで浮かび上がってくるのが、「場」の概念である。「場」とは、ファラデーが研究日誌等で用いて以降、有効な考え方として科学のなかに浸透してきたものだが、[3] そこでは、「場」のなかで粒子が「場」に影響を受けながら運動しているといった仕方で、「場」の概念が用いられていた（「古典場」と呼ばれる）。そこでは、「場のなかで運動している粒子」といったものが、まだ素朴に前提されていると言える。これに対して、量子論においては、「粒子」の概念そのものが、もはや従来のような理解のなかには収まらないということが明らかになり、「粒子」の概念そのものを根本的に捉えなおすことが求められている。つまり「粒子」はもはや額面通りに「粒子」として受け取ることはできず、「場」の方から捉えなおされねばならないのである（この場合の「場」は「量子場」と呼ばれる）。[4] 要するに、もはや主人公は粒子ではなく、主役の座は「場」の方に移ってくる。現代物理学で「粒子」と呼ばれているもの自体、恒続的な「アトム」のようなものではなく、一般的にはきわめて移ろいやすく、めまぐるしく生じたり消えたりしている。だからそれを考えるときにも、場を中心にして考えるほうがよい。専門的には、「粒子とは場の励起（excitation）である」と言われる。[5] 物理学者にとってそのような考え方は普通になっているし、そのような見方が一般向けに紹介されても、比較的違和感なく受け止められるようになってきている。

だが、われわれは「場」というものを、すでに申し分ない仕方で理解していると言えるのだろうか。あえて問うてみよう。「場」というのはそもそも何なのだろうか？　粒子の背後に、「場」

という「もの」があるのか。だが、「場」というものが、そのまま出現してわれわれに見えてくるわけではない。では、「場」とは見えないけれども「背後に隠れて実在している」ようなものなのか？　それとも、「場」とは、そのまま存在するわけではないが、「場」という考えにもとづいて現象を理解し計算を行うときわめて整合的な理論が可能になるという意味で、われわれ人間の都合に応じて設定した「計算の道具」のようなものにすぎないのだろうか？

物理学者の多くは、場が「単なる計算の道具」だとは言いたくない一方で、それが「見えないけれども背後にあるのか？　見えないのにどうして「ある」とわかるのか？」と問われると、そういう「哲学的な」質問にはあまり関わりたくないと思うのではないか。しかし、「場」とは曖昧にとどめて構わないような周縁的な概念ではなく、むしろそれこそが、現代物理学の最も重要な根本概念の一つなのである。「場とは何なのか？」という居心地の悪い問いを放置して、現代物理学にもとづいた世界観を築くことは不可能なのではないか。そして、この問いにきちんと答えることによってこそ、現代物理学がわれわれの世界観・宇宙観に迫っている根本的な転換の意味を、より深く理解できるのではないか。

こうしてわれわれは、「場とは何か」という根本問題に辿り着いた。以下では、この問いに一歩ずつ踏み込んでみることにしたい。

2　粒子も場も実体ではない——真に現われているものへ

「物」はないのに、何かがある

「場」とは何か？　場を直接見ることはできない。そういうと、「場」という概念をまったく知らない人は、「なぜ見ることができないのに、そういうものが〈ある〉と言えるのか？」という疑問を抱くかもしれない。そういう人に——ファラデーが金曜講義で行ったように——一から順を追って「場」というものを考えなければならない必然性を説明するとしたら、どのようになるだろうか。

磁石を知らない人はいないだろう。N極とS極が引き合うとか、N極同士、S極同士が反発し合うということも、多くの人は実際に試したことがあるだろう。それをはじめて知り、はじめて両手にその反発力や引力を感じた子供の気持ちに立ち戻ってみるなら、それはとても不思議なことであり、驚きであるはずだ。その「見えない力」は、紙やガラス、プラスチックの下敷きなどを挟んでも、ものともせずに発揮される。実際、歴史的にはそれを魔法になぞらえた人々もいたように、謎めいたものに思える。

しかし、理科の教科書にそのことが現われて、「そういうものだ」と言われると、当初の不思議さは消え、単なるテストのための暗記の対象にすぎなくなってしまう。それ以上の知識をもっている人は、少なくとも多数派ではない。つまり、当初の疑問に立ち返って、「なぜなのか？」と問うたときに、自分で答えられる人は多くはないということである。それに答えようとするところに「場」という概念が登場してくるのである。

そもそも何が不思議であったかというと、「何もないところに力が働く」という点であったと言える。通常われわれは、「物と物が直接ぶつかり合ったときに力が及ぼされて作用し合う」と考える。この考えを基本にすると、磁石の力は何もないところに働いたり、間に物が挟まっても遮られることなく働いたりする点が不思議に思える。

では、本当に「何もない」のだろうか。たしかに、空気を抜いて真空にしても磁力は働く以上、何かわれわれの常識で知られるような「物」を媒介にしているわけではないだろう。そうであれば、もちろんそこには何もないのだろうと思うのが普通かもしれないが、ある簡単な実験が、そのような常識的な考えを揺さぶるのである。

磁石の周りに砂鉄を撒いてみよう。いままで何もないと思われていたその空間に、鮮やかなパターンが現われる。その瞬間、「そこには何もない」と言うことはむしろ無理があるようにさえ思われるだろう。砂鉄自身が勝手にそのようなパターンを描いたとは考えられない。砂鉄を撒く実験はそもそも「不思議な力」の一つの確かめ方にすぎないのであって、それを確かめるために、他の物質（ニッケルやコバルト）を用いても構わない。つまり、「不思議な力」は色々な局面に現われるのだが、それらに共通する何かが、砂鉄を媒介にして眼に見えるようになったように思われるのである。

「何も物がない」ところに、「何かがある」。その「何か」が「場」と呼ばれる。「何も物がない」のだから、「場」は「物」ではない。「物」ではないが、砂鉄を撒いたときに気づくように、「物ではない何かが現に働いている」と言わざるをえないように思われるのである。「場」という概念は、実は大部分このような直観にもとづいていると言ってよい。というのは、「場」という概念の必然性を、厳密に論理的に導き出すことは、予想外に難しいことだからである。少なくとも「物」というものを自明の前提とするかぎり、おそらくそのような厳密な説明は不可能である。「物でない」ものが「ある」とはどういうことか。そもそも「物」とは何か。われわれが「物」と呼んでいる存在のあり方をはっきりさせないかぎり、そもそも「場」とは何かをはっきりさせることはできない。

では、「物がある」というときに、われわれが要請している条件とは何か。その最も主要な条件の一つとして、われわれが経験しているときにも、していないときにも、また、誰が経験しても、同じようにある、ということが挙げられる。ところが先ほど砂鉄を媒介にして眼に見えるようになったそれ、すなわち「磁場」と呼ばれるものは、次のような性質をもつ。すなわち、ある観測者にとってはそこに磁場があるのだが、その観測者に対して運動しているある別の観測者にとっては、そのような磁場はない、という性質である。

荷電粒子（＋〈プラス〉ないし－〈マイナス〉の電気を帯びた粒子）が運動しているとき、その周りに磁場ができるということは、よく知られている法則である（というより、磁場とはそういうものでしかない）。いま目の前で、ある荷電粒子が運動しているとしよう。そうすると、それを観測している人にとっては、磁場が「ある」ことになる。ところが、もしその荷電粒子と一緒に動いている人がいるとすると、その人にとってはその荷電粒子は止まっている。止まっている荷電粒子は磁場を作りはしない。したがってその観測者にとっては磁場は「ない」ことになる。こう考えるなら、磁場は或る人にとっては「ある」、別の人にとっては「ない」ことになり、どちらが正しいのかが問われることになる。あるいは、「磁場はあり、かつない」という矛盾に陥り、論理的に破綻するのではないかと思われるかもしれない。しかし、実はそうではない。根本に戻って考えてみよう。

「動いている」とはどういうことか――運動と視点から相対性理論へ

ここでの出発点は、荷電粒子が運動しているときに、その周りに磁場を作るという比較的単純な事実であった。ここで「運動している」と言ったが、「運動している」「動いている」とは、そもそもどういうことか。これは日常では、見ている人に対して、何かの空間的な位置が変化していくことを言うだろう。この点を極端に言うなら、つねに止まっているのは自分の視点で、それに対して世界の一切の風景は動いてゆく、とも考えられる。しかし、われわれはそうは考えない。歩いているときや乗り物に乗っているときには、自分の視点が動いていると見なす。だが、見えているのは、依然として「動いている風景」のはずである。それなのに、どうして「自分が動いている」と考えることができるのか。これは、われわれ自身の認識の成り立ちに関わることだから、ここで簡単に述べることはできないが、少なくとも言えることは、そのようなかたちでの「変換」が、われわれの認識の核心にもうすでに属しているということである。止まっている「地盤」があって、自分の視点の方が動いている、という考え方は、われわれにとって実に「自明な」ものとなっているが、「動いている」ということの最も基本的な事態は、「見ている私にとって動いている」ということではないのか。

この点を直観的に見てとるために、卑近な例を引いてみよう。列車に乗っているときには、現に動いているのは、風景の方である。「私の視点が動いている」ということ自体は、「自分が実際に観察している」事柄ではない。そのことは、いかに「直観的」に思えても、動いている風景からの一定の「変換」によって理解されているのである。車窓を見ていて、隣に止まっている列車が動いているのか、自分の乗っている列車が動いているのか、一瞬わからないことがある。このように、「どちらが動いているか」については、ただちに自明ではなく、判断や推論の余地がある。しかし、「私にとって動いているように見える」ということそれ自体は否定しがたい。そこに議論の余地はない。「実は私にとって動いているように見えないのだ」というのはおかしな主張になるだろう。

このように、「動いている」ということの基本は、「私にとって動いている」ということである。

もちろんその「私」は、絶対的に固定しうるものではなく、「それぞれの、そのつどの私」にならざるをえない。それゆえ、いいかえるなら、「動いている」ということは、「誰かにとって動いている」ということである。

ここで先ほどの荷電粒子と磁場の話に戻ろう。荷電粒子について、それが「動いているか、止まっているか」を絶対的に決定することはできないと言える。なぜなら、「動いていること」の基本は、「誰かにとって動いている」ということであり、「誰にとってでもない」仕方で、動いているかいないかを決定することはできないからである。「磁場はあるのか、ないのか」という矛盾に正面から巻き込まれるのではなく、われわれはむしろこの基本的な事態に立ち帰るべきである。荷電粒子は、運動しているときに磁場を作る。「運動している」とは、「誰かにとって運動している」ことである。「運動している」といったとき、すでに磁場についての言明は「誰にとって」という問題を回避することはできなくなっていたはずなのである。

この問題をまともに受け止めて展開するなら、アインシュタインの相対性理論に行き着くはずである。（相対性理論は、そもそも「動いている物体の電気力学」という題名の論文において発表された[6]。）荷電粒子に対して動いている人にとっては磁場があり、止まっている人にとっては磁場がないということを、いかなる事実も否定することなしに[7]、矛盾なく理解するためには、特権的な観測者を想定するのではなく、「どの観測者から見るか」という点を含めた変換の理論が必要になる。それがすなわち相対性理論なのである。

変換規則の恒常性――「物」より普遍的な何かへ

要するに、「いつでも誰にとっても、つまりどのような観測者にとっても同じようにある」というあり方が、「物」についての素朴な見方であるのに対して、「場」（いまの場合は電磁場）において問題になっているのは、「誰がどのようにそれを見るかによって変わってくる」ようなあり方である。そのような見方の転換が、相対性理論において行われているのである。

日常においては、さっきは見えていた「物」が、動いたら見えなくなったとしたら、それが「ある」とは言いにくくなる。むしろ自分の錯覚や思い違いではないか、と疑いたくなる。しかし実は、ここで問題にしている磁場に関しては、観測者によって磁場が「あったりなかったり」することは、単なる「思い違い」や「幻影」であるわけではなく、「どんな場合に、誰にとって、どのくらいの強さの磁場があるか」ということは厳密に計算できる。むしろその観測者を考慮に入れた変換規則は、きわめて揺るぎのないものとして明らかになる。ここで、「観測者から独立である」という恒常性から、「観測者をも考慮に入れた変換規則の恒常性」の方に、力点が移っている。まさにこれが相対性理論の核心の一つである。

ここから逆に、「観測者から独立である」とされる「物」のあり方は、それほど自明なのか、とあらためて問うことができる。「観測者から独立である」といっても、一切観測されないのであれば、「物」として問題にすることさえできない。「観測者から独立である」とされる「物」も、何らかの仕方で観測されているはずである。観測はされるのだが、その観測のされ方が、「誰から見ても、どのような仕方で見てもある」という形をとっているのが、「観測者から独立である」ということである。つまり、「独立」と言っても、観測者が無関係になるわけではなく、観測者との関係をどのように変換しても、つねに「それがある」ということは変わらないということである。これは要するに、「観測者から独立である」といわれるあり方を、「観測者を考慮に入れた変換規則の恒常性」の一例として言いなおしたことになる。つまり、「観測者から独立である」という恒常性は、「観測者をも考慮に入れた変換規則の恒常性」というより普遍的な恒常性に、その特殊な一例として組み込むことができるのである。

だから、前者から後者がどのように導けるか、ということは、発見の順序としては問題になりうるとしても、本当の意味で前者から後者を「導出」することができるはずがない。むしろ、より普遍的な恒常性である後者から、どうして前者のような特殊な恒常性の成立が可能になるのか、ということの方が、実は自明でない問題なのである。

さらにいえば、現代物理学においては、「物」から見るよりも、「場」の方から見る、ということの方が、問題を見るときのより一般的な見方であると言える。われわれが経験する「物」は、原子からできているということは、多くの人が知識として知っていることであろう。この原子が、また電子・陽子・中性子などからできているということも、よく知られている。これらはいわゆる「粒子」と呼ばれているわけだが、われわれが知っている粒子のイメージ（砂粒や塵の微粒子のようなもの）を不用意に適用すると、とても説明できないことが多々ある。たとえば電子というものは、二重スリットの実験において、光と同様の振舞いをするということが実験で確かめられており、局在した粒子という描像では説明できない。このことは、第1節で述べた通りである。そこで、現代物理学では電子は電子場として理解される。同様に、素粒子というのは、すべて対応する場として捉えられるのであり、普通の意味での粒子というイメージでは捉えきれない何かなのである。（実際、「素粒子論」と呼ばれる分野と「場の量子論」と呼ばれる分野とは、その力点の置き方は違うにしても、他の分野の人間からすればほとんど区別できない。）

これらの場同士は相互作用をしており、ときには結びついてひとまとまりの場を形成する。そのなかで安定なものとして、たとえば「原子核」とか「原子」といったものが捉えられるわけである。したがって原理的に言うならば、われわれが「物」と呼んでいるものは結局「場」の一種であると言うこともできる。

実体論の誘惑

そうなると、われわれが日常目にしているような「物」——コップや林檎など——も、「場」というものからなる一般的な現実の特殊なあり方にすぎないということになる。すると、「場」というものはそもそも何なのか、ということがあらためて疑問に思われてくる。われわれが述べたのは、「観測者をも考慮に入れた変換規則の恒常性」ということにとどまっている。数学的形式化のみを目的とするなら、これだけでも十分に意味のある捉え方だが、そのような形式的な構造が、日常目にしている「物」の「本体」だ、と言われるなら、違和感が生じる[8]。

ここでわれわれは、「本当に〈ある〉のは何か」といった「実体」をめぐる問いへと誘惑されがちである。われわれの経験に対して現われている「物」が「実体」なのか、それともその背後に隠れて見えない「数学的構造」が「実体」なのか、といった仕方で問いを立てるなら、われわれはもうすでに、本章でそもそも問題にしていた「場」という**現実の問題**から離れてしまうのである。われわれの出発点は二重スリットの実験であったが、そこでわれわれの経験に対して現われていたのは点状の感光であり、局在的で粒子的な現象である。しかし、それを「実体」と考えて理論化を試みた途端に、科学全体を考えなおさねばならないような困惑にぶつかったのである。かといってその背後にある「場」というものがそれ自体として現われているわけではない。現われているわけではないが、それを想定しないと、現われているものが理解できないような基本的な現実のあり方として、「場」というものが問題化されてきたのである。それをもし「実体」と考えるなら、「現われ」にかかわらず、「現われ」から独立したものとして存在すると言えるはずである。ところが、「場」の根本的な規定は、「変換規則の恒常性」というものである。「変換規則」と言うからには、「何の変換規則か」という問いが当然つきまとう。「何の」ということを抜きにした「変換規則」というものは意味を失う。「変換規則」とは、「現われの」変換規則であって、「現われ」を捨象した単なる形式ではない。そのように考えた途端に、「場」というものが本来考えられなければならなかった理由が、失われてしまうのである（次頁コラム参照）。

こういうと、「なるほど、それはそうだ」と思えるかもしれない。しかし実は、ここには根深い問題が潜んでいる。科学である以上、単なる多様な現われをそのままに放置しておくわけにはいかない。そこに思いもよらない法則性や整合性が洞察される点にこそ、科学の科学たる所以があるように思われる。量子論以前の科学者を魅了していたのは、一見ばらつきや偶然のように見えるものも、ある種の決定論的な法則によって支配されているという洞察であったと言ってよい。ところが量子論が登場して以来、冒頭に述べた二重スリットの実験のようなものにおいても、個々の感光について決定論的な法則を仮定することすらできない（かなり合理的な仮定にもとづくかぎり、いかなる形の決定論も、実験結果を説明することができない）ということが繰り返し示されてきた。これは一般に「量子飛躍」と言われており、何か粒子的な離散的なものが現われ出てくるとき、そこには必然的に確率的な要素が関わっていることが知られている。この確率というのは、決して人間の単なる無知といったものに還元できないのであって、したがって少なくとも個々の粒子的な現われについては、決定論を断念しなければならない。これは、ほとんどすべての物理学者に共通する見解である。

コラム

本節で述べたことは、物理学者の実感にも沿うものである。ある高名な物理学者は、講義の中で「場とは何か」を説明しようとして言葉に詰まり、しばらく沈黙した後、「場ですね」と言うよりほかなかった、というエピソードがある。それはある数学的な定義によって済ますことのできない何かを示唆していると捉えることもできる。実際に、「場とは何か」という問いに対する答えは、定義としてではなく、「活動」として与えられる。理論的にも実験的にも、「場」をめぐる計算や観測という活動に携わることによって、新たに物理学の世界に入ってきた学生にとっても、「場」というものが意味のあるものになってくるのである。

このこと自体はとても大事なことだし、われわれの主題とも本質的に関わっている面があるのだが、しかし、だからといって「場についてあれこれ思索しても仕方がない」というきわめて一般的な傾向を正当化するものではない。まさにこういう点に関する無反省が、一方では経験とか測定可能性ということを軽視する傾向（「理論の内部で辻褄が合えばよい」という傾向——多くの場合それさえも保証されているとは言いがたいのだが——）を物理学の内部にもたらしており、また他方では「物理的現実」の学であるはずの物理学を単なる計算手段としてのみ位置づける傾向（「実験データと計算結果が合えばよい」という傾向）を招来している。理論的な整合性や、実験と計算の符合が重要でないというわけではもちろんないが、それらがそもそも意味をもつのはなぜか、という問いを消去することはできない。それなしには、物理学そのものが意味を失ってしまうからである。そういう問いから眼をそらしたり、それをさしあたり隠蔽したりすることはできても、物理学者自身がやっていることが、実際にそういう問いから無関係になることはありえない。「なぜそうしているのか？」を突き詰めて問うならば、先ほどわれわれの示唆した問いは、もうすでに物理学者を物理学者としての活動へと動かしているものに関わっていることがわかるのである。それを否定する人は、自分がすでに生きてしまっている活動を、自分で否定してしまうことになる。

粒子の実体論

一方には粒子概念を実体として保持したいという人々がおり、彼らにとっては量子論というのはある種の神秘であって、その神秘を説明するために、ある種神話的なものを導入してみたり、人間の意識の役割を過剰に称揚してみたりといった傾向が厳然としてある。

たとえば、二重スリットの実験で言えば、光の粒はずっと光の粒なのだが、「それにもかかわらず」、「両方のスリットを同時に通過する」のであり、この粒子は、人間が関わるまでは、「不思議な重ね合わせ」という仕方で、ずっとどこにでも遍在しているのだが、人間が測定することによって、突如として「重ね合わせ」が消えて一点に収縮すると説明される。この「不思議なもの」は何なのか、と問うならば、このような説明を採る人々は、「とても理解しにくいかもしれないが、でも粒子なのだ」というのではないか。その他の実験⑨においても、「粒子が一つ一つ飛んでいく」という描像を前提しなければ、そもそも理解できないような仕方で、実験自体の説明がなされている。「どういう実験なのか」を理解するために、もうすでに、ある種実体化された粒子の表象を前提ないし共有することを強いられるのである。

だが、実際は、そういう実体化された粒子の描像では理解できない出来事についての実験なのだから、結果が「パラドクシカル」に見えるのは当然である。前提されている現実の描像自体を問題として吟味せずに、あたかも自然自体がパラドクシカルであるかのように述べ立てるのは、自然そのものをいたずらに神秘化することにほかならない。それでも、量子力学の数学的理論によって実験結果と計算が合うという一点を根拠として、その「神秘」が「科学的に証明された」と称しているのである。「自然の神秘」を称揚するのも、直観不可能な「数学的証明」を賛美することも、理解の努力を途中で止めてしまうという点では、同じ傾向を示している。

場の実体論

他方には、こういった傾向全体に嫌気がさして、「こうした考え方が出てくるのは、要するに粒子を実体と考えているからであって、本当の実体は場なのだ」と考える人たちも少なくない。(あるいは、場すらも近似概念であり、もっと根本的な実体、たとえば弦などがあると考える人たちもいる。) 実際、場の理論の立場に立てば、先ほどの二重スリットの実験で「両方のスリットを同時に通過する」と言われていたことにしても、水の波（水面の振動）が局在しているわけではないということ以上の直観が必要になるわけではない。水の波は複雑な障害を全体として乗り越えるだろう。同様に光が場として捉えうるということ自体は、まったく自明とは言えないが、もしそう考えてよいなら、「両方のスリットを同時に通過する」と言われていたことは、決して不自然なことではない。

このように、粒子の立場に立つと「神秘的」に見えることが、場の立場からは合理的な自然のあり方として理解できるようになる。しかも、現代の場の理論は、一見すると、形式的には大変綺麗に整っているように見え、そこには先ほど述べたような神秘めかした解釈など少しも必要ないかのようにも見える。ここで「形式的に」と言った一つの理由は、ひとたび物理的に興味ある問題を場の理論によって理解しようとした途端、まず数学的に様々な困難が生じることは周知であって、それをどう回避するか、ということが現代でも重大な問題だということである。それについてはここでは立ち入らない。

さらにもっと明らかで根本的な問題は、場の立場に立つにしても、粒子的な現象（たとえば二重スリットの感光）が点状であるという事実、しかも、点のでき方が決定論的ではないという事実を説明できなければならないということである。そこでは通常ボルンの確率解釈を通じて、場の理論と粒子的な現象（感光）の確率分布との対応をつける。ボルンの確率解釈とは何かというと、場の強度と粒子の発見確率との間に相関関係があるということである。

さて、そうすると、確率「解釈」という言葉からもわかるとおり、まさにここには解釈があるのであって、先ほど思われたほど場の一元論の立場に立つことによって、すべての問題が解決するわけではないことが見えてくる。「粒子」などといったものにかかずらう必要なく、「場という実体だけを相手にしていればよい」ということには必ずしもならないのである。しかもそれが「確率」というものと関係してしまうので、場の理論を決定論的に記述して満足するということもできない。

こういうと、「それは観測という（人間が関わる）特殊な出来事に関する場の振舞いの問題であって、〈なまの現実〉とでも言うべきものは、それとは関係がない」と言う人もいるかもしれない。実際、理論家のなかにはそう言って済ませてしまう人さえもいる。たとえば、自然は場の理論の言葉で語っているのに、人間にはそれが理解できないため、確率というようなものを導入して、人間が理解できるように現実を一つの射影の形に落とし込んで理解しているにすぎないというのである。つまり、この考えの背後には、「人間が現実を確率的に理解するということは、まさに人間が引き起こしていることなのであって、自然はそれには無関心である。自然自体は賽を振らず、偶然性を含まない」という考えが潜んでいる。ではその「偶然性を含まない現実」についてどうやって知るのか？　やはり具体的な現象に関する実験を通して知るほかない。それら一切の現象ならびに「あまりに人間的な」実験を超えた「現実」を想定するなら、それはある種の不可知論ないし「神話」にコミットしていることになるだろう。

「実体」神話の解体――現象に即すということ

このように、(1)粒子の実体論も否定されねばならないし、(2)それに対する場の実体論もまた否定されねばならない。これらの考え方は、一見正反対であるかに見えるが、実は両者に共通しているのは、与えられている現象を離れて、その背後に「真なる実体」を仮定するということである。もし与えられている現象が、「人間的な」条件に由来する単なる「仮象」であると考えるなら、結局われわれはどこかで、「われわれには与えられていない〈真なる(と称される)〉現実」を神話的に拵えあげていることになるのである。

粒子の実体論も、場の実体論も、つきつめれば、現にある現象そのもの――それが科学的探究の出発点でもあったはずである――から遊離した、不自然な考え方に陥る。これに対して、より自然な仕方で、現象に即した考え方はないのだろうか。

粒子の実体論と場の実体論とが共通にもっていた前提を探ることによって、それらが不自然な考えに陥ってしまった理由を考えてみよう。

粒子の実体論においては、粒子的な現われということから敷衍して、現われを目にしていないところにまで、「ずっと」そういった粒子的なものがあると想定されていた。それが様々な「パラドクス」を引き起こしたわけであるが、それを解決するかに見えた「場の実体論」においても、真実には粒子の対義語としての場というものが「ずっと」貫徹していると考えることによって、今度は粒子的な現われを単なる仮象と見なしてしまうという極端な想定に陥ってしまった。

これらに共通しているのは、まさに「ずっと」という言葉で言い表されている事柄である。「ずっと」あるというのは、ある種の「同一性」を措定することである。しかし、われわれにとって現われている現実は、絶えず変化している。そうすると、変化しない同一なものは、変化する現われの背後にあると考えるほかない。それでも、科学は現われを無視しようとはしなかったから、現われているものと背後にある同一的なものとの関係を、数学的な意味で同一的なものとして取り押さえる方向へと進んできた。このこと自体は大きな進展であったと言えるが、ここでなおも「同一的なもの」を実体的に想定することにこだわるならば、「数学的な構造こそが「現実」なのであって、われわれ人間に現われる現象は単なる仮象なのだ」という極端な考え方が導かれかねない。しかもそれは、そもそも場というものを考える出発点となった「現象に即す」という方向性を、自ら裏切ることになっている。すでに見たように、同一的な「物」がないのに、何かが確かに現われている、というところから、「場」の考えが導かれてきたのである。だから、ここで「同一性の想定」という、本来「場」の考えが乗り越えたはずの思考の習慣に再び立ち戻ってしまうのではなく、「場」の考えが乗り越えてきたものを、ここでさらに徹底して乗り越えることこそが必要なのである。それはつまり、より徹底して「現象に即す」ということである。

「場が粒子となる」ということ

ここでより「現象に即す」ために必要なのは何であろうか。それは、現われている粒子を見えないところにまで延長するのでもなく、見えない場のために現われている粒子を仮象として否定することでもなく、**「場が粒子となる」**ということを徹底して引き受けることである。そこで現われていることを、何も否認することなく、そのままに引き受けること以外に、とるべき道はないはずである。それにもかかわらず、なぜこの道がとるべき道として意識されてこなかったのか。「場が粒子となる」とは単純にいってどういう事態だったであろうか。それは、最初はある種の拡がりにおいて想定されていたものが、局所的な出現形態をとるということだが、その出現が決して決定論的には記述できないということである。しかも、事実的な制限（技術の未発達など）によるのではなく、**原理的にいって、**決定論的には記述できないということである。したがって、粒子は「ここ」ではないどこかに現われてもよかったはずだが、なぜ「そこ」ではなくて「ここ」に現われたのか、については、物理の理論としては沈黙せざるをえない。

これに対し、「物理の理論は、それについて何もいう必要はない。それは形而上学の問題だから」と言う人々もいるかもしれない。そのような人々は、現在スタンダードと見なされている物理の理論解釈は、形而上学とは無縁であると考えているのであろう。しかし、それとは別扱いにすべきものとして、「形而上学的」な問題にまといつかれている「現象」があることまでは否定していない。ただそれが「物理学的」に扱うべき問題とは見なされていないだけである。

では逆に、物理学が扱うべき問題はどのようなものと考えられているかといえば、決定論的に答えを導き出せるような同一的な理論的構造を作り上げるということである。そこには統計的なものもその目的のために有益な手段として含まれている。このこと自体はきわめて正当なことである。だが、決定論的に答えを導き出せる同一的な構造こそが「真の現実」であると主張するならば、その主張はすでに一つの形而上学にコミットしている。

このように、「粒子がなぜ「そこ」ではなくて「ここ」に現われたのか」という先ほどの問題は、「形而上学的」だとして避けられる場合も多いが、その場合、われわれに対して現われている現実と、「科学的」現実とが結局分断されてしまうことになり、量子論的に計算できる現実と、われわれにとって現われているが、物理学的にはトリヴィアルな現象とが関係づけられないまま並立することになってしまう。こうなると、いくら「形而上学には立ち入らない」と言ったとしても、先に批判した「場の実体論」まではあと一歩である。そこでは、その「トリヴィアル」とされる現象の問題自体を物理学から消去するために、現象の背後に真なる実体を立てる形而上学が公然と主張されているのである。

もちろんわれわれは、ここで取り上げた「なぜ「そこ」ではなくて「ここ」に粒子が現われたのか」という問題について、決定論的に記述する方法を発見したなどと主張しているのではない。またそういう方法を発見するよう物理学者を鼓舞しようというのでもない。そのような問いの方向と思考の方向そのものを批判的に吟味すること、そのことを通じて、問いと思考の方向そのものを転回させることを試みようとしているのである。

ここで、先ほどの問いにあらためて答えよう。「場が粒子となる」ということを徹底して引き受けるという道が、なぜとるべき道として意識されてこなかったのか。それは、決定論的で同一的なものこそが、物理学の探究すべき「現実」であるという形而上学が、隠れた前提として物理学的思考を支配してきたからではないのか。そのような仕方で「現実」のあり方を先行的に決定してしまうことは、まさに一つの形而上学であって、それを採用することをわれわれにとっての「現象」は決して強制していない。それどころか、われわれが直面している「現象」は、むしろその形而上学を考えなおすよう迫っているのではないか。

3　法則とは何か――問いがなければ答えはない

これまで現代の物理学がわれわれに迫っている思考上の革命とは何なのかを考えるために、二重スリットの実験から始めて量子場の概念に至り、前節において、粒子の実体論はもとより場の実体論も受け容れられないということが明らかになった。結局のところ、現代の物理学がわれわれに迫った転換とは、決定論的で同一的なものが現実だという形而上学を捨てるということだったのである。しかし、このように言うと、それは自然科学全体を揺るがすほどの、到底受け容れがたい変更であると思えるかもしれない。というのも、自然科学は法則というものを問題としており、法則とは決定論的で同一的なものだというのが普通のイメージだからである。ところが実際にはそうではないということを、ここで議論していきたい。「法則とはそもそも何か」を問いなおすことによって、このことを明らかにしてみよう。

前節で浮かび上がってきたのは、「場が粒子となるということを徹底して引き受ける」という課題である。それは、現に認めなければならない最低限の事柄に問題を絞った上で、そこに与えられたことから逸脱しない仕方で——その背後に別の道具立てを想定することなしに——もう一度現象そのものを考察しなおすということである。ここで「与えられている」と見なしてよいのは、「場が粒子となる」という事態である。この事態が、「量子論」と呼ばれる、古典物理学とは質的に異なる理論を生み出した理由は、この「場が粒子となる」ということが決定論的には記述できず、「統計的」にしか語れないということだった。ここで「統計的」という言葉は、通常はもうすでに自明のこととして、すぐに理解されて素通りされてしまう。しかし、それがそもそもつきつめてみれば何を意味しているのか、それがなぜ一つの転換をもたらしたのかは、実はそれほど自明なことではない。

法則と「置き換え」

「統計」という言葉で語られるのは、そもそもどういう状況であろうか。統計的に語られる個別的な事象は、それを一回きりの出来事と見るかぎり、予測できない。だが試行を繰り返すと、傾向についての知見が得られる。ところで、「試行を繰り返す」といったが、試行のたびにバラバラの条件で実験しようとする人はいないだろう。そこではすでに、「同様の条件のもとで」試行を繰り返すということが、自明なこととして前提されている。「同様の条件のもとで」という仮定をすれば、様々な予測を可能にするような法則が得られる。このことを数学的に表現すれば、独立同分布な（independent and identically distributed; i.i.d.）確率変数について様々な極限定理が成り立つということである。（「同様」ということのなかには、通常、前に行った試行の結果が次の試行に影響を与えないということも含まれている。これが「独立」ということである。）

一回きりの多様な出来事がそのまま生じ続けるだけでは、法則は見えてこない。そこに「同様の条件」という観点を持ち込むことによって、出来事の生起が違った仕方で見えてくる。それはいわば時間を超えようとする一貫した試みである。「同様の」条件のもとで試行を「繰り返す」ということは、時間的に「以前から以後へ」と進む秩序が意味をもたないようなことだけを問題にするということにほかならない。さらに、「法則」というからには、そこには「再現性」が含まれていなければならないが、「再現性」とは、同様の配置をした場合、同じことが再現されるということであり、そこでは空間的な非均質性さえも無視される。空間にはいろいろな差異が含まれているが、「再現性」においてはその差異は問題にならなくなる。

それはなぜか。異なる空間的領域の間に、「置き換え」が可能になるからである。「ここ」と「あそこ」は異なるが、「ここ」でも「あそこ」でも成り立つ、というのは、「ここ」と「あそこ」との間に「置き換え」の関係が成り立つということである。時間に関しても同じことが言える。「同様の」条件のもとで「繰り返す」ということは、様々な時間点において生起する（生起させられる）出来事の間に、「置き換え」の関係が成り立つということである。「法則」が見えてくるということは、実際にはこうした「置き換え」の可能性を発見するということなのである。しかし、われわれの意識が向かう先は圧倒的に「法則」の方であり、そこで実際に成されている「置き換え」の操作は、われわれが「する」ことであっても「意識する」ことではない。技術的手段として意識されることはあるかもしれないが、「目標として意識される」ものではない。その「置き換え」は、現に行われているのに、意識から消去される。

一つ一つの試行以外には統計の立脚するところは何もないはずだが、統計として取り扱われるのは、一つ一つの試行それ自体ではなくて、それらを置き換え可能性の関係で結んだ上で集積したもの、すなわち統計的法則（たとえば確率分布）である。二度と繰り返すことのできない個々の出来事に立脚してはじめて法則が見えてくるのだが、法則が見えてくるということは、**「二度と繰り返すことのできない」出来事の間の置き換えに立脚してものを見る**ということである。

ここで言われているのは、出来事の「間の」置き換えなので、一つきりの出来事に関するものではない。「この」一つの出来事、たとえば「この」一点における感光だけに成り立つ法則というものは、「法則」なのかどうかもよくわからないし、もしあったとしても意味がない。「この」一つの感光も法則に服すると言うときには、必ず他の感光との間の関係が問題になっているのであり、そこには、異なるもの同士の間での置き換え関係が主題化されているのである。そうであってはじめて「法則」について語る意味が出てくる。絶対的に一回的な出来事も決定論的な法則に服するという主張は、この点で「法則」について語ることの意味を自ら無化してしまっているのである。

驚くべき置き換え可能性

こうして、統計的法則について語ることの意味は、絶えず変化し異なる多様な出来事のなかに、「驚くべき置き換え可能性」が立ち現われるという点にあることが見えてくる。いままで「法則」と呼ばれてきたものを、こういう意味で捉えなおすということこそ、量子論が科学にもたらした最も革命的な思考の転換であったと言ってよい(10)。その上でわれわれが強調したいのは、「法則」とはいわばこの「驚くべき置き換え可能性」の一つの表面にすぎないのであって、その表面(ないし上澄み)だけを残してそれ以外を捨てることは、「法則」そのものを無意味にするということである。「法則」が出てくればよいというわけではない。それを生み出す根拠がまさに「法則」のなかで書き切れないということを鋭く突きつけているのが量子論の扱っている事態なのである。

「法則」のなかで書き切れないものとは、単に法則から逸脱するものではない。むしろそれこそが「法則」を生み出すという側面をもっている。単に非法則的なものから法則が生まれてくるという発生論を述べているわけではない。むしろ「法則」なるものの存立そのものに関わるのが、ここでいう「書き切れないもの」なのである。「法則」は自己の存立の根拠そのものを自ら生み出すことはできない。かといってどこか他の場所で作られて外から現実に押しつけられるわけでもない。われわれが現に与えられている現象に即して法則を捉えるという営み自体が、「法則のなかに書ききれないもの」なしには成立しえないのである。

問いがなければ答えはない

では、統計的法則が実際に現われてくる場面を問題にしてみよう。先ほど述べたように、統計的法則は「同様の条件」にもとづいて、その上に成り立っている。したがって条件を変えるごとに、統計的法則は違う姿を見せてくる。その違いがきわめてドラスティックな仕方で現われてくるのが量子論の特徴である。たとえば、最初に述べた二重スリットの実験で言えば、二つのスリットを開けるというその条件下では、縞模様がスクリーン上に現われてくるし、一方のスリットだけを開けるならば、より単純な分布となる。まさにこの条件を変えることに対する法則の変容の仕方は、しばしば波動性と表現される。なぜ波動性と呼ばれるかというと、「境界条件」（たとえば障害物の配置）に対して、どのような分布がスクリーンに現われるかということは、水の波が障害物を全体として乗り越える際に生み出すパターンと類比的だからである。このような条件の変化に対する変容の仕方は、本章の冒頭で述べたように、粒子という捉え方では完全に理解することができず、この「波動性」をも理解するには場の考え方が必要だったわけである。

ここで際立ってきているのは、どういう条件を設定するかを決めなければ、統計的法則それ自体が定まらないということである。一個の必然性があらかじめ定まっているというのではなく、あくまで「こうすればこうなる」という形で条件と法則が結びついている。逆に言えば、それを使って現実の事象を制御することもできるわけであり、それが現代の量子テクノロジーの基盤となっている。量子論以前の統計においては、本当の法則は一つに決まっており、法則の不定性は人間の無知や様々なバイアスによるものだと考えられていた。ところが、法則の不定性には物理的な基盤があり、その不定性自体が、自然の正当な現われ方なのだということが、量子論において明らかになってきたのである。もちろん、人間の無知や多様なバイアスによる不定性もあるのだが、それだけで法則の不定性をすべて説明することはできない。それどころか、「法則が必然的に決定されている」という考えに固執することは、そこで起こっていることの理解を妨げ、本来見えるべきことを見えなくしてしまうという意味で、不当でさえある。[11]

つまり、自然は何らかの問いかけに対してのみ答えを与えてくるのである。問いかけ以前に何かがすでに定まっているという考え方は、そこで起こっている事態を記述するにはむしろ不適切であるということが、量子論において際立ってきている。

ここで、先ほど述べた「法則に書ききれないもの」は、二重の仕方で現われている。(1) たとえ統計的法則が定まったとしても、どの選択肢が選ばれるかは法則に書ききれない。二重スリットの実験の場合、個々の感光点は決定論的には記述できないのである。(2) そしてさらに、その統計的法則それ自体が、どのような条件を用意するかによって変わるのであり、どの条件を用意するかは、法則に書きされない。どれを選ぶべきかは、法則には書かれていない。二重のスリットの両方を開けてもよいし、片方を塞いでもよい。それを決めるのはわれわれである。

もちろん、二つのスリットを開けておきながら、縞模様にならないように自然に命じることはできない。つまり、条件に応じた結果をわれわれが勝手に決められるわけではない。しかし、結果が現われるための条件は、われわれが決めるほかない。そして、その条件をどのように決めるかを指定する法則があるわけではないのである。そのような法則なしに、われわれは「問い」を発するのでなければならない。それに「応答する」形でしか、「法則」というものはありえない。端的に言うならば、**「問いがなければ答えはない」**のである。

4 不定元としての自然と数学の核心

「粒子になる」という出来事――実体論が取り逃がしてしまう要点

ここでわれわれは、まさに量子論の根幹に関わる洞察に導かれたが、この洞察は、粒子の実体論や場の実体論にこだわっているかぎりは決して得られないものである。粒子を重んじるなら、確率を根源的なものと言わざるをえない。そうすると、現実の根本に偶然性があるという点を重視する考えに導かれるだろう。これ自体は正当なことである。ところが、われわれが境界条件を変えたときにどのように統計的法則が変わるかについていえば、粒子だけを考えているかぎりは法則的には捉えられない。この法則を捉えようとするとき、われわれは粒子から場の方へと送り返される。

粒子のみに着目していては捉えられない法則が、場において理解可能になると考えるとき、「粒子は偶然性に支配されているが、場は決定論的に理解できる」という考えに導かれがちである。この傾向が極端になると、粒子的な現象は二次的なものにすぎないという見方も現われてくる。「こうした見方をすれば、決定論的な見方を貫徹しうる」と考えるがゆえに、決定論的な考え方を取る人がこうした見方に惹きつけられることはよく理解できる。ここでは、場というものが「背後に隠れて見えない実体」のようなものとして捉えられてしまう。だが本来の「場」はそういうものではない。

そもそも場についてなぜ語れるようになったかといえば、粒子的な現象があったからである。条件を変えながら実験を行うと、そこに「場」としか言いようのない「何か」が見えてくるが、粒子的な現象なしには、場は何ものでもない。問いかける前には「不定」としか言いようがない。場は「不定」だが、一定の仕方で問いかければ答えてくれる。答えてくれたときには粒子的になる。粒子にならないとわれわれにとって答えにならない。

しかし、粒子になってしまうと、もうそれは所与のもの、データになってしまう。そこでは場の不定性は消えている。「粒子になった」状態ではなく、「粒子に**なる**」というところに、われわれがいま論じようとしている根本的な事柄がかかわっている。粒子が現われると、場を新しく作り出す条件になるという意味でも、「粒子になった」状態ではなく、「粒子に**なる**」という出来事が重要なのである。繰り返し述べてきたように、場だけでも粒子だけでも、実体論的な現実観に陥ってしまう。というより、実体論的な現実観を先入見としてもっているから、粒子だけで考えようとしたり、それがうまくいかなければ場だけで考えようとしたりする傾向が生じてくるのである。これに対し、量子論が示唆しているのは、「粒子に**なる**」という、一見さりげなく見えるがつねに見逃されてきた出来事、そしていまもって見逃され続けている出来事こそが決定的だということなのである。

「粒子になった」ということ、つまり粒子的な現象として確定されるということが、現象について確定的に語る可能性を生み出す。しかし、場そのものは粒子ではないので、それが「何なのか」を「うまく言えない」、それについて確定的に語れないのは当たり前である。むしろそこにこそポイントがある。いわば、本質を問う問いからすり抜けるというところに場の本質があるのである。

粒子の法則を問題にしようとすると、場に送り返される。場に送り返されて、場そのものがはっきりわかるかといえば、わからない。そこでまた粒子的なものをよく見ようとする。そうすればそうするほど、場の方へとまた送り返される。このような運動そのものを本質的なものとしてつかむとき、量子論というものがようやく理解できる。ここでは、場を「はっきりと見ようとする」こと自体が、あまり意味がないということに気づかれるようになる。すでに見たように、これは統計を受け入れるということにも関係していた。

だが、一般的には、「はっきり見ようとする」ことに意味がないということが、本質的な事態だとは捉えられていない。単にテクニカルな制限、あるいは、人間の直観力の制限にすぎないと思われている。「場をはっきりつかもうとしても、結局よくわからないから、とりあえず場として置いておく」という態度が支配的である。実践的にはそれで十分だからである。

だが、「場をはっきりつかめない」ということを、**積極的に捉える**かどうかが、ここで決定的なこととして問われてきている。といっても、「場はそれ自体としてはよくわからないから、それを単にテクニカルに、プラグマティックに、計算の道具として扱おう」というわけではない。「それ自体としてつかめるはずなのにつかめない」というのではなく、そもそも「それ自体としてつかめない」ということこそ、自然そのものの本来的な現われ方を示しているのであり、その本来的な現われ方を言い表すために、「場」という概念が自然に求められてきたのである。

つかめないが現われていること――未知数から不定元へ

「それ自体として**つかめない**」ということが自然そのものの本来的な**現われ方**を示している、という言い方は、矛盾的に聞こえるかもしれない。「つかめない」ものがどうして「現われている」と言えるのか。「現われている」にもかかわらず、どうして「つかめない」のか。こうした疑問が浮かんでくるのは、「現われてくるもの」は「つかめるもの」である、という前提があるからである。しかし、ここで「場」の概念の考察を通じてわれわれが導かれたのは、「現われているけれども、つかめないことがある」という洞察である。しかも、「本来はできるが、たまま事実的な制約によってできない」というのではなく、「現われているがつかめない、つかめないが現われている」ということが、自然そのものの核心的な何か、さらにいえば、「現実」一般の核心的なあり方に関わっていると考えられるのである。

このような考え方の転換を明確に理解するためには、代数学における「文字」の概念の発展を振り返ることが有益である。代数学における文字は、周知のとおり未知数として登場した。たとえば、未知な一片の長さであるとか、未知なものの重さであるとか、である。それは本当は決まっている。だがわれわれは知らない。そこでこれを仮に「x」といった文字で表し、式変形を通じて、その正体を明らかにしようとする。これが未知数としての文字の役割であった。

ところが、この式変形において、「その正体が何か」を抜きにして操作できるということから、むしろ「その正体が何でもよいもの」＝「変数」としての文字概念へと導かれる。これが「関数」という概念を考える基礎となり、近代の科学の基盤となった。しかしここでも、「値」というものは、不可欠のものと考えられていた。すなわち、文字はいろいろな値を取りうるものとして考えられるのである。しかし、これはさらに、そもそも値というものがあらかじめ定まっていないようなあり方を扱う可能性を開いた。これが現代の代数学でいう「不定元」としての文字概念にほかならない。それ自体はそもそも値というものをあらかじめもっていない。ある状況が設定されたとき、場合に応じて「値を取りうる」のである。これはまさに、場が「粒子になる」というあり方（あるいはむしろ「なり方」）と類比的である。

いや、むしろ「類比的である」というのでは足りないかもしれない。まず歴史的にいえば、現代の代数学（そこでは不定元の概念が当然のように現われる）によってはじめて量子論の数学的な基礎づけがなされたのであり、不定元という考え抜きに量子場を考えることはそもそも不可能である。（しかしこのこと自体すらそれほど意識されているとは言えないが。）さらにいえば、「場」とは、自然の認識における不定元であるのではないか[12]。それこそが「場とは何か」というわれわれの問いに対する一つの答え方ではないのか。

不定元としての自然——「数学」のもつ深い意味

なぜ「不定元」というものが自然の認識において必要なのか。われわれがすでに行った議論を振り返ってみるなら、「場」というものは、一定の仕方で問いかければそれに対して答えてくれるようなものとして問題化されてきた。そもそも、「法則」というもの自体が、できあがった形で最初からあるものではなく、問いかけることに対して答えとして現われてくるものなのである。問いなしにあらかじめ答えがあるわけではない。たとえば実験の条件を設定するということは、「どのような問いを発するか」ということであり、実験の条件が適切に設定されていなければ、いかなる法則も見えてこない。このことは、いつの時代も変わらず言えたはずだが、その意味は見過ごされてきた。「実験の条件が設定されていなければ、いかなる法則も見えてこない」ということは、単にわれわれの認識の側の条件と見なされ、「すでにある法則をあとから見つけるための手段」の問題と見なされてきた。しかし、量子論においてはじめて、このこと自体が自然のあり方の決定的な特徴を示していることが明らかになってきた。

そこで数学はどのように用いられているのだろうか。それは、「どのように問いかけるとき、どのような答えが得られるか」を単に個別的に法則化するために用いられているわけではない。そこにも数学は関わっているが、それが数学を用いることの主眼ではない。「どのように問いかけるか」があらかじめ決まっていないなかで、それでも言えることは何であるかを明らかにするところに主眼がある。これはまさに、「値をとる」ということをあらかじめ仮定せずに厳密な議論ができるという、「不定元」の考え方そのものである。

現実の世界では決まっているものを、数学の世界では「仮に」「不定」と見なして、思考のなかで様々なヴァリエーションを考慮に入れ、それらの一般構造を考える、というのではない。むしろ、自然そのものが、根本的に「決まっていない」もの、「不定元」的なものとして姿を現わしてきている。量子論は、このような考え方の転換をわれわれに促している。ここでは、「数学の世界は〈仮想〉〈仮定〉の世界であり、それとは別に〈現実〉の世界がある」という考えが、もはや維持しえない。むしろ、「現実」というものが一つの「形をとる」ということ、つまり究極的にいえば「現われる」ということが、不定元を用いる数学によってまさしく表現されている。

ここで「数学」という言葉を完成された体系という狭い意味で理解するなら、この言い方はおかしな言い方に見えるかもしれない。しかし、われわれが主張したいのは、「数学」とは本来このようなものなのだ、ということでもある。つまり、「数学」というものの核心には、どこまでも「不定」なものがあり、眼を逸《そ》らすことなく、それをどこまでも「不定なもの」として持ちこたえ続けることが、まさしく数学を数学たらしめているとわれわれは考えるのである。そしてそれが、ほかならぬ「現実」そのものの本質的な現われ方でもある、ということを主張したいのである。

数学とは？――時間のなかで時間を超えること

この立場から、現実が法則的に現われてくるということをもう一度考えてみよう。「法則」とは「時間を超えたもの」と見なされている。すでに見たように、一回きりの出来事に関して、「法則」を問題にすることはできない。「同じ条件」のもとでなら、「いま」試行しても、「過去の」試行も、「未来」に行われる無数の試行も、同じ結果を生むということ、つまり「再現性」が法則には含まれている。法則はこのような仕方で「時間を超える」のであるが、われわれが問題としてきたのは、このような時間を超える法則が、まさしくそのようなものとして現われてくるのはいかにしてか、ということだった。それがまさに「問いがなければ答えはない」というあり方だった。

だが、「問う」ということは無時間的にはできないことである。「問い一般」を問うことはできない。「問い」はつねに具体的な問いでしかありえない。具体的に問うということは、時間のなかで問うことである。問いを具体化するものは、時間のなかに一度きり現われるものであり、それを「問う者」の問う活動も、時間のなかで行われる。時間を超えた法則は、「問い」に対する答えとして現われてくるのであり、この「問い」は時間のなかで遂行される。とすれば、「法則」という仕方で「時間を超えること」それ自体が、時間のなかで起こっていることになる。時間を超えた法則がまずあって、それが時間のなかに個別化・具体化されるのではない。かといって、一切が時間に還元され、時間を超えたものなどない、というのでもない。法則はやはり時間を超えている。その時間を超えているということそれ自体が、時間のなかで成立するのである。

これは一見パラドクシカルに見えるが、そうとしか言いえないことが実際に起こっている。それを端的に表すのが、われわれの考える「数学」のあり方である。「時間のなかで時間を超える」という活動に、端的に、最も単純な名前を与えるとすれば、それが「数学」なのではないか。(13)

5 数学と現実――壁の崩壊

本章では、「場」(量子場)の概念を突破口として、法則とは何か、現実が法則的に現われるとはどういうことかを問題にしてきた。法則的に現われるとは、最も単純な意味で言えば、およそ現実が「形をとって」現われるということであり、いかなる形も取らずに現実が現われるということはありえないとすれば、それは「現われる」ということそれ自体を問題にしていたことになる。そして、その「現われる」ということが、まさに「時間のなかで時間を超える」ということであって、それこそが「数学」の最も原初的な核心なのである。

こうして、数学を「現実」の時間的世界から隔てているかに思われた壁が崩壊する。あるいは、「壁そのものがそもそもなかった」ということが明らかになる。これまでのわれわれの考察では、数学をまずそれ自体として用意して、それを物理に応用したわけではなく、むしろ徹底的に「現象に即す」仕方で考察を進めてきたわけであるが、その結果、**徹底的に「現象に即す」ということが、おのずから「数学」になる**、という洞察にまで立ち至った。これは一般には予想外のことかもしれない。この意外にも思える帰結を追求していくには、さらなる考察が必要になる。ここではひとまず本章の成果をまとめておきたい。

通常、科学において数学はモデル化として扱われ、それとは別に、モデル化が適用されるべき「現実」が現にあると考えられている。モデル化という捉え方自体が不当であるというわけではまったくないが、「現実」の方はいかなるモデルとも無縁な実体であるかのように考えられている。ここには数学と現実の二元論がある。

これに対して、われわれは「現実」そのものの与えられ方を探ってきた。二重スリットの実験から出発して、「現実」が単なる粒子としての実体でもないし、場としての実体でもないということを示した。それでは「現実」とはいったい何なのか、という問いに対して、「現実」を「不定元」として考えるという見方が示された。現実を不定元と見なすと単に「便利」であるというのではない。単に方法上の操作であるというわけではなく、現実がまさに不定元として現われているると言った方がよい。「不定元」という考え方は、歴史的には数学のなかで現われてきたものであるが、それはそもそも現実そのもののあり方を形として表現するものだったのである。

われわれがここまで議論してきたような、現代物理学が迫る思考上の革命は、われわれの現実観を大きく転換させるものであったが、その転換の姿が、「不定元」を核心とする数学の姿とそのまま重なるということは、われわれの数学観もまた、大きな転換を迫られているということである。

こうしてわれわれは、通常自覚されていない根本問題の前に立たされることになった。このさらに究明すべき根本問題を露わにしたことを、本章の成果としてもよいであろう。こうした観点から、次章では「数学とは何か」という問いをさらに究明していくことにしたい。

第二章

「数学」とは何をすることなのか

――非規準的選択

「数学」とは何をすることなのか？　「数学的真理」の世界がどこかにすでにあって、数学者はその世界に通じる道を発見する特別な手段をもっているのか？　あるいは、そのような「数学的真理の世界」などどこにもないとすれば、数学とはあくまで人間の創ったものにすぎず、われわれの生きている現実とも、現実を生きる際のわれわれの思考とも本来無縁なものにすぎないのか？　あるいは、そのどちらでもないとすると、「数学」とはいったい何なのだろうか？　本章では、このような問いに取り組む。そこで鍵となるのは、われわれが「非規準的選択」と呼ぶ働きである。

1　数学における非規準的選択

虚数 i の導入は、なにげなく受け容れられているように見えるが、よく考えてみるとそこには居心地の悪い何かがある。虚数 i は「$x^2=-1$」の解「の一つ」として「定められる」が、その「定められた」一つでなければならないかというと、けっしてそうではない。「-i を i としてもよかった」からである。こういう曖昧さなしには、そしてそこから何かを選ぶということなしには何も進まない。何かを選ばなければならないが、一義的に決まるわけではない選択を、ここでは非規準的選択（non-canonical choice）と呼ぼう。というのは、このような選択をしなくて済むというあり方を、数学では canonical というからである。[1]

iと-iは、実数係数代数方程式[*1]の解として求められる場合にはどちらでもよい、つまり入れ替え可能＝対称である。「そもそも最初からどちらかに決まっている」ということではない。しかし、iまたは-iとして最初から方程式の一部に組み込まれて、その一部として使われてしまっている場合には、当然、「対称」ではない。というのも、「i」や「-i」とはっきり明示されてしまっているのだから、このレベルでは明らかに違うと言わざるをえない。わかりやすく言えば、「選びとる前は対称だが、選びとってしまったらもはや対称ではない」と言える。[*2]

＊1：$2x^2+3x+4=0$ のように、係数がすべて実数である代数方程式のこと。

＊2：これがいわゆる「対称性の破れ」と言われるものである。（この非常に素朴な例は、『ガロア理論』の入り口となる。）

「選びとる前は対称」と言ったが、そのレベルではどちらにも決まらない、決まっていないわけだから、「曖昧」と言える。「選びとってしまったら対称でなくなる」ということは、このような「曖昧さ」が消えていくということである。数学的に明確に確定されるということである。

こういうと、「曖昧」なところは数学的に扱えないのか、と思われるかもしれないが、数学者なら、そのような「曖昧さ」＝「入れ替え可能性」の全体は確定されうると言うだろう（?）。「決まっていない」が、「どれぐらい決まらないか」は確定されうる、と。

しかしここで注意したいのは、選択肢は確定できるが、「どれでもいいどれかを選ぶ」という行為は、**数学的に**確定できるものではない、ということである。数学者がその選択をしていないとか、それができないということではない。数学者が現に行っているのに、数学的には確定できないような選択がある、ということである。冒頭で述べた非規準的選択とは、このことなのである。

こういうと、さらにマニアックな反論がありうる。「選択公理はどうなのか?」という反論である。これについて述べるために、まず「どれかを選ぶということは、結果的には関数を構成することだ」ということを説明しよう。

たとえば、一〇〇人の人がいたとして、その人々を三つのグループA、B、Cに分けるとしよう。各グループから代表者を選ぶというのは、グループの集合{A, B, C}から一〇〇人のメンバーの集合{相川、青山、秋本、……、渡辺}への関数を構成することである。グループAは山田さん、グループBは秋本さん、グループCは鈴木さん、という風に代表を選ぶとしよう。この場合、メンバー全員を前にして、「Aグループ!」と言うと、山田さんが出てくる。「Bグループ!」と言うと秋本さんが出てくる。Cグループも同様。これを関数として書けば、

f(A) = 山田, f(B) = 秋本, f(C) = 鈴木

となる。このように、選択するということ自体が、結果的に関数を構成するということは言え

る。

関数の具体的な構成の仕方が確定できない場合でも、「何かそのような関数がある」ということを主張するのが選択公理である。「何か……ある」という言い方からもわかるように、一般にはそのような関数が具体的にどのようなものなのかはまったくわからない。この意味で、たしかに選択公理は非規準的選択に深く関わっている。しかし、この公理もまた、単に「選択ができる」と主張するだけであり、その選択自体を確定しているわけではない。この「確定できそうで確定できない」という居心地の悪さを、数学者はどこかで感じ取っているのかもしれない。なぜなら、選択公理を嫌う数学者が少なからずいるからである。数学の根幹において、実際にはどこかの時点で選択公理を使わなければならないにもかかわらず、である[3]。

ここで次のことを指摘したい。

（1）一方で、非規準的選択は数学の表面には現われないにもかかわらず**不可欠である**。つまり実際には行われているのだが、それを明示することはできないので、選択公理を使用することで、数学的に処理されている。実ははっきり言われないままに非規準的選択が「なされたことになっている」というわけである。したがって、このように選択公理を「使わなければならない」という点に、非規準的選択の不可欠性が示されている。

（2）他方で、（同じことだが）非規準的選択は不可欠であるにもかかわらず数学の表面には**現われることができない**。このことを、実はすでに数学者は感じ取っているのではないか。なぜなら、選択公理はほとんどの数学者にとってどこか「居心地が悪い」からである。「できれば無しで済ませたい」が、それでも使わざるをえない。このような「居心地の悪い必然性」があることは否定できない。選択公理が数学者にとって「居心地が悪い」ということ自体が、非規準的選択が不可欠であるにもかかわらず数学の表面には現われることができないということの徴《しるし》である。

ひとこと注意しておくと、ここでわれわれは数学者を批判しているのではなく、数学活動の本質に関わることを明らかにしようとしているのである。数学者に何かが欠けているということではなく、数学体系のなかに明示する必要はないが、数学を行うためにはどうしても必要なこととして、非規準的選択があるということである。

2 非規準的選択と普遍性

先ほど、選択公理において、非規準的選択が「なされたことになっている」と言ったが、数学体系のなかに非規準的選択を示唆するものを見出そうとすると、つねにこの「なされたことになっている」という形でしか見つからない。つまり「完了形」であり、すでに終わってしまっていて、現在進行形では取り押さえられない形でしか、現われてこない。非規準的選択は、数学の体系のなかで「痕跡」という形でのみ存在しているのである。いいかえれば、「できあがった」数学、「所産としての」数学のなかでは、非規準的選択が明示されることはないが、「痕跡」という形で、それが行われていることはつねにどこかで意識されている。

ここに、活動としての数学と、形成体・所産としての数学が微妙にずれる瞬間がある。だがこの亀裂は、所産として整備された数学によってすぐに追いつかれ、それによって塗りこめられ見えなくなってしまう。

この「ずれる瞬間」が重要である。この分岐点から出発すれば、活動としての数学も、形成体・所産としての数学も、両方が視野に入ってくる。その両者が不可分に結びついていることが、この特異な地点において露わになるのである。

いいかえれば、この「ずれる瞬間」は、異質な次元を結びつけている「媒介」を表している。しかし、「媒介」そのものは「見えない」。この「媒介」的な出来事は、できあがった数学理論からは消し去られている。しかし、完全に消去されているわけではない。すでに見たように、その「痕跡」は示されている。この「見えないが示されているということ」が重要である。この「ずれる」という出来事についてもう少し詳しく考えてみよう。

この出来事は、「媒介」だからそれ自身を見えなくする。媒介自身は見えなくなることによって、形成体・所産としての数学的体系が見えるようになる。非規準的選択と言ったが、「選択」(choice)というのは、何かある特定の個別的なものを選ぶという点にポイントがあるのではない。そこで選ばれるのは、いわば「何でもよい」。しかし、「或る何か」が選ばれなければならない。そして、たとえどのようなものを選んだとしても、これだけは言える、という最低限のラインが

「定理」として確保される。(4) 数学の理論としての強みは「何をとっても当てはまる」このような「普遍性」にあると通常見なされている。数学が科学の至るところで「応用」されうるのはこの「普遍性」による。ここで述べたいポイントは、数学のまさしく数学らしさを成しているこの「普遍性」が、「非規準的選択」を通してしか成立しない、という点にある。だが、このことは「できあがった」「所産としての」数学からは消去されているのである。それは、要らないから消去されたのではなく、数学の数学らしい「普遍性」を成立させるためには、その出来事がみずから「自分を見えなくする」ことが必要なのだ。

いままでのところは、「選択公理」を基本にして議論を進めてきたので、このような事態は数学にとって特殊な事態であり、数学一般に成り立つことではないのではないか、という反論がありうるかもしれない。しかしこのことが、「数学を行う」ことにとって本質的であるという点を次に示したいと思う。

数学の論文において、本格的な議論が始まる際に、次のような一文が現われることは非常に多い。

"Let f be a function such that…"（fを……を満たす関数とする〔としよう〕。）

この"Let"で始まる命令文は、文字通りに読めば、ある「遂行」が必要であることを示している。この数学的議論を理解するためには、「或ることをせよ」と言うのである。それは端的に言えば、「……を満たす関数を一つとって来い」ということである。その「一つ」は、「……」を満たしているかぎり、何でもよい。しかし、そのような関数の「全部」を一気に考えているわけではない。にもかかわらず、結果的にはそれを満たす「全部の」関数について言えることを確定することになる。最初から「全部」について語るというわけではないが、最終的には、「全部」について語れるようになるのである。数学が実現している「普遍性」は、ここに根ざしている。

つまり、普遍性に至るためには、まず何か或るものを選択することから始めて、その選択をみずから消去するというプロセスを経なければならない。

ここまで、一気に哲学的な話に踏み込んだように見えるかもしれない。そもそもの出発点は「i と -i のどちらかを選ばなければならない」といった例であったが、この平凡な事柄に、そのような哲学的な含意があるのだろうか?

もちろん、このように書けば、「決まった選択肢のどちらかを選ぶ」という話に見えるので、そこにたいした含意はないように見える。だが、選択肢は最初から決まっているのだろうか?「どちらでもよい」選択肢がそのようなものとして見えてくることそれ自体が、われわれのいう非規準的選択を必要とするのではないか? i と -i が「どちらでもよい」ということが見えるためには、すでにどちらかを選んでしまっているのではないか? そしてそれを i とおいてはじめて、「−iをiとしてもよかった」と言える。「どちらかを選ぶ」ことによってはじめて、それが「どちらでもよかった」ということが明らかになる。

ここでわれわれの最初の歩みを振り返ってみたい。われわれは最初、「iと−iは、選びとる前は対称だが、選びとってしまったらもはや対称ではない」（「対称性が破れる」）という仕方で話を始めた。しかし、「選びとる前は対称だ」ということが言えるのは、最初の選びとり、すなわち非規準的選択によって、対称性が見抜かれた後である。何も選ぶことなく、一切何も置くことなく、「対称性」について語ることはできない。何も選ばなければ、「何もない」。だから、今の段階から振り返ってみれば、「どちらでもよいものからどちらかを選んだ」というのは完全に正確な言い方ではない。選ぶことにおいてのみ、どちらでもよいことがわかり、それがわかったときには、最初に「どちらを選んだか」は特別な性格を失う。このようにして、非規準的な選択はまさに**非規準的**なものとして、規準的な体系からは消去される(5)。

ここでわかるように、「どちらでもよい」という対称性、あるいはより一般的にいえば「置き換え可能性」が見えてくるということ、そのこと自体は、非対称的で置き換え不可能な仕方で起こってくる。といっても、数学的な対称性あるいは置き換え可能性が、単に時間上・歴史上の事実として生成してくる、というのではない。それはいつでも普遍的に成り立つはずである。そうでなければ数学的に確定されたものとは言えない。にもかかわらず、この「いつでも普遍的に」ということが、非対称的で非規準的な選択なしには言うことさえできない。

3　置き換え可能性の成立――一般構造へ

序数と基数

もっと基本的な問題から考えてみよう。まず序数と基数の関係を問題としてみたい。何かを数えるときには、特定の仕方で1、2、3、……と数えることによってしかそれを行うことはできないが、数えられることがわかった後では、それがまさに一つの数え方にすぎないのであり、「どこから数え始めてもよかったし、ほかの順序で数えてもよかった」ということになる。そしてまた、そのように「特定の順序づけによらない」というところに基数の概念が成立する。子供に数えることを教えるときには、まず「たろう、はなこ、ゆうすけ」といった何らかの順序で数えてみせるしかない。「どこからでもいいよ、どの順序でもいいよ」と言うだけでは、数えることは始まらない。とにかく、何らかの順序で数えてみせるしかない。だが、「たろう、はなこ、ゆうすけ」という順番でしか数えることができなければ、子供は数を理解しているとは言えない。「どの順番でもよい」ということが理解できてはじめて、数の概念を習得したと言えるのである。

要するに、基数の概念は、**何らかの**順序づけという序数的なものを通じてしか成立しないのだが、**特定の**順序づけには依存しないという仕方で、成立する。最初に選ばれた順序づけは、基数が成立した段階から見れば、「それでなくてもよい」、つまり「非規準的」な選択なのであるが、そもそも、そのことがわかるための基数の概念は、当の「非規準的」な選択を通じて始めて獲得されたのである。

いまわれわれは、「子供による数の概念の習得」というある種の「発生」の過程を通じて基数の概念について述べた。ではこのような構造、すなわち、何らかの選択を通じてしか成立しないが、特定の選択には依存しないという構造は、単に「発生」の問題のみに関係しており、成立した体系としての数学にとっては無視できる問題なのだろうか？　ここで集合論の問題に踏み込んで論じるという道もありうるが、ここではもっと端的でテクニカルでない問題を取り上げ、きわめて一般的な構造——時間的な発生の構造ではないが、それにもかかわらず静的なものではなく、ある「転換」そのものの構造——として論じてみたい(6)。その問題とは、記号と数学の関係そのものの問題である。

多様な表現を通して「同じこと」をつかむ

「1＋1は？」といえば「2」と答えるのが普通である。このとき人は暗黙のうちに10進法を前提している。そのかぎり、「1＋1＝10」は誤りとなる。しかし、これが2進法による表現であるなら、これもまた「1＋1」の正しい答えである。つまり、10進法における1＋1＝2と、2進法における1＋1＝10は同じことを言い表している。したがって、その「同じこと」は、10進法で表現されても、2進法で表現されても、その他の仕方で表現されてもよいのであり、特定の記号の選択によらない。しかし、その「同じこと」を、いっさい何の記号をも使わずに数学的に扱うことはできない。それについて他人と語ることができないだけでなく、単独でそれを直観することもできない。どんな記号も使わずにその「同じこと」をつかもうとしても、それは空をつかむようなものである。つねに何らかの記号的表現を通して直観するしかない。

表現は様々であっても、数学的に「同じこと」を確かにつかんでいる、という体験は、個人のなかでも、複数の人の間でも、起こることである。しかし、だからといって、一切の表現なしにそれを直接見ることはできない。

数学の定理には、以下のような形をとるものが非常に多い。

The followings are equivalent（以下の事柄はすべて「同じこと」である）:

(1)・・・・

(2)・・・・

(3)・・・・

ではその「同じこと」が、(1)の表現にも、(2)の表現、(3)の表現、あるいはほかの何らの表現にもよることなく、意味をもつであろうか。「どうせ同じことなのだから、表現する必要がない」といって沈黙することが、数学であるはずがない。

ここでも、何らかの記号的表現によって出発するしかないにもかかわらず、その活動のなかでまさしくこの特定の表現が他の表現と交換可能なものという性格を獲得する。

一般構造

これらの例から見えてくることをひとまず一般的な形で述べてみよう。

ものの数を数える場合、ある順序において数えなければ数えることはできない。しかし、数えられることがわかったら、どんな順序でも数えられるということも、同時にわかってしまっている。特定の順序の取り方によらないからこそ数えることに意味があるのである。つまり、後になってみれば、「特定の」選択としか言えないような選択にもとづいて、**はじめて**「数える」ことが成立するのだが、その「数える」ということは、「その特定の選択に依存しない」ということを**すでに**含意している。

「はじめて」とか「すでに」と言ったが、これが必ずしも時間的順序を意味しているのではないということは、二つ目の例、すなわち記号的表現と数学的に「同じこと」の例をみればわかる。**何らかの**記号なしには数学はありえない。しかし、数学は**特定の**記号には依存しないのである。記号を置かないと数学的活動は始まらない。この意味では数学は記号に依存するが、その記号が他の記号に置き換え可能であることが、同時に見抜かれている。

ここでは、時間的なものと非時間的なもの、動的なことと静的なこと、出来事と構造、などの対比を前提していては理解できないような「構造＝出来事」が問題になっている。静的な普遍性として数学的なものが成立しているということ自体が、ある意味ではきわめてダイナミックな出来事として成立しているのである。数学自体が**生きたもの**として成立しているといってもよい。

最初に置くことは遂行としてある。だが、その遂行性が消える（見えなくなる）形で、「置き換え可能性」が成り立つ。置き換え可能性は、一見すると平面的に同時的に無時間的に成り立っているように見えるが、実は置き換えが可能であるということ自体が、非規準的（non-canonical）なものを「消す」という積極的な動的な働きとして成り立っているのである。

4　時間と空間

これまで数学的な活動を題材として、ある種の一般的な構造を取り出してきた。すなわち、数学的な活動は、われわれが非規準的な選択と呼んだ遂行的出来事から始まるのだが、それが数学する活動として成り立つということは、最初の遂行的出来事の遂行性や非規準的な性格が消えるということでもある。それがすなわち、諸々の項の普遍的な「置き換え可能性」が成り立つということである。諸々の項の並列的・同列的な置き換え可能性は、一見静的に成り立っているように見えるが、そのような置き換え可能性それ自体が、実はある「動的」な活動として成り立っている。すなわち、ある項を置くという本当は比較不可能な遂行が、自分自身の比較不可能性を消去して、自分自身によって可能になった諸々の項と自分自身を置き換え可能にするという「動的」な活動である。一見静的に見える置き換え可能性が成立しているということは、このような活動が遂行されていることを意味しているのである。日常的見方からすれば、数学的なものは静的で確定した体系に見えるかもしれないが、数学者の頭のなかで、数学が「死んだように固定され動かないもの」としてあるわけでは決してない。むしろ日常的志向においてはありえないほど、あまりにもダイナミックな、極端なまでの変様可能性を考えているがゆえに、日常的思考にとっては想像しにくいともいえる。

それでは、ここで述べた「一般的な構造」は、単に数学に見られるだけの限定的な一般構造にすぎず、日常的思考にとっては無縁なのだろうか。われわれ自身、数学的活動について記述する際に、「時間的である」とか「時間的でない」、あるいは「動的」とか「静的」とかいった表現を用いて説明しようとしてきたのだが、その「時間的」ということをもっと根本的に考えることによって、数学的活動にとどまらないもっと一般的な出来事の構造を問題にしてみよう。

時間

「時間」というものをわれわれは通常どのようなものとして思い浮かべているだろうか。しばしば用いられるイメージは、一次元的な直線的秩序のイメージである。すなわち、時間を一つの直線として、様々な時点が並列した秩序として捉えている。だがこれは、明らかに時間を空間的イメージを用いて捉えたものである（ベルクソンがすでに述べたように）。そもそも時点というもの自体が、本来はそのつど生じては過ぎ去っていく現在を意味するはずであり、そのような本来の意味での「現在」は、点として他の点と並んで残り続けるようなものとは対極をなすはずである。つまり、右の駒と左の駒を入れ替えるような仕方で、対称的に入れ替えることができないのが時間的現在である。この対称的に入れ替え可能だということは、空間性の際立った特徴である。ある一点に到達するために、どの行き方を選んでもよい、つまり特定の行き方に依存しないということが、空間の本質に含まれているのである。そうであるとすると、一次元的な直線的時間のイメージは、疑似空間的な時間の捉え方であり、時間らしい時間のあり方をある程度遮蔽して見えなくした捉え方（その分扱いやすくもあるのだが）であると言える。

だが、もとはといえば、「唯一の」現在が現在として現実化することによってしか、直線的な時間もありえない。といっても、「唯一的な」現在が現われてはただちに消え去るだけだとしたら、やはりわれわれが「時間」と呼んでいるものはありえないのではないか。いやむしろ、「現われてはただちに消え去る」ということ自体が、すでに「唯一的な」現在をあるコンテクストのなかに置いて捉えているのであって、そのコンテクストのなかで、「唯一的な」はずの現在は、すでに「比較可能なもの」となっている。ここには、比較不可能なものが、自らの「比較不可能性」を消去して、比較可能なものになるという構造がある。通常われわれが時間と言っているものの成立それ自体が、すでに数学について「一般構造」として述べられたのと同型の「構造＝出来事」だということである。

これは、（A）決して同一平面に回収できないものと、（B）同一平面上でしか問題にできないものとが、はじめて異なるものとして語れるようになる「構造＝出来事」であるともいえる。異なる二つの領域が別個に並列的に最初からあったわけではない。（A）と（B）の差異化（「ずれ」）の構造そのものが出来事の構造、すなわち時間性の構造である。

空間

この（B）「同一平面上でしか問題にできないもの」において、「空間」と呼ばれるものがはじめて理解可能になる。「空間」というと、普通はどのようなイメージで捉えられているだろうか。たとえば地図を考えてみよう（図1）。B地点からC地点を通ってA地点に行っても、C地点からB地点を通ってA地点に行っても、同じところに到着する。あたりまえのことに聞こえるかもしれないが、実はこのことが、空間性にとっては本質的なのである。B―C―Aと進んで、ある地点に辿り着いた人は、下り道を進んでAに着くとしよう。他方、C―B―Aと進んだ人は、最後に上り坂を進んでAに到達したとしよう。当然両者の受ける印象はかなり異なる。それでも、そういうことにかかわらずに、Aが「同じ」点だと言えるという点に、「空間」と呼ばれるものが成り立っているのである。

空間的だから違う行き方でも同じ点に到達する、と普通は考えるのだが、より正確にいえば、**違う行き方で「同じ」点に到達したら、**それが空間的と呼ばれるのだ。旅は同じ場所に到達してもそれぞれの旅人にとって違うはずだが、その違いを尊重するのではなく、その違いを区別しないことによる「同じさ」に着目するとき、はじめて「空間性」が純粋に「空間性」として見えてくるのである。

しかし、当然のことだが、ある点には、必ず**ある一つの**行き方で到達しなければならない。それでも、自分が空間のなかを移動していると知っていれば、「その特定の行き方でなくてもよい」ということも同時にわかっている。それがわかっているということが、まさに「空間」というものを理解しているということである。

他方、「空間」を理解しているからといって、**同時に**複数の行き方で旅ができるわけではないという点も強調しておかなければならない。複数の行き方を同時に行ったことがないにもかかわらず、どの行き方でも同じ点に行き着けるということがわかる、というのが「空間」を理解するということなのである。（だから、地図が頭のなかに入っている人は、道を間違えても、予定とは別の道を通って目的の場所に辿り着けるのである。）

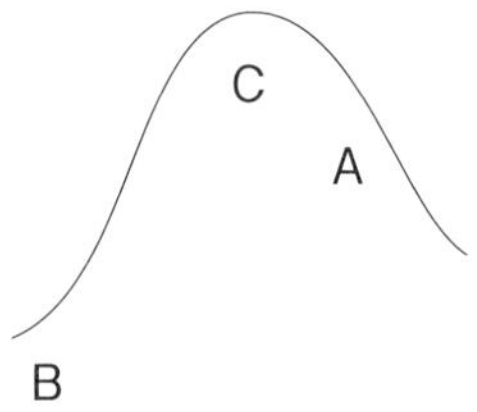

図1

これはまさに第3節で序数と基数および記号的表現に即して論じた「一般構造」にほかならない。最初にある特定の仕方で何かを始めなければならないのだが、それが為されたときには、すでにその特定性は消えている。つまり、その特定の選択が、他の選択と置き換え可能なものになっている。そうなってみると、置き換え可能な諸々の選択は、同時的に無時間的に成り立っているように見えるが、その「同時的」な置き換え可能性そのものが、そもそもある特定の仕方で行われた選択によって可能になったはずである。いま論じた「空間性」に関して言えば、われわれはいつもある一つの行き方でしか空間内を移動できないのだが、まさにそのような活動によって、そのような活動のなかで、「どの行き方でもよい」という置き換え可能性が成り立つのである。

こういうと、次のような疑問が浮かぶかもしれない。「私が特定の仕方で動くことによってはじめて空間ができるとでもいうのか？　そんなことはない、やはり空間は初めから「ある」というべきではないか？」。なるほど、では「空間が初めからある」とはどういうことなのだろうか。それは、私がある特定の行き方を選んだ時点まで遡って、そこから別の行き方を選ぶこともできた、ということなのではないか。つまり、その時点でどちらの行き方を選ぶこともできた、という置き換え可能性を考えているのではないか。

さて、ここで「……時点まで遡って」と言ったが、実際には時間を遡ることはできない。時間を遡ることを考えているとき、われわれはすでに時間を時間そのものとしてではなく、空間化された時間として、点の並んだ直線のようなものとして思い浮かべている。そう考えてはじめて、過去のある時点を、「いままさに選ぼうとしている瞬間」として思い浮かべることができるのである。ここでは、「本来入れ替えることのできないものを入れ替える」という操作が行われている。これがつまり、時間を捨象して空間的にのみ考えるということなのである。あるレベルの差異を無視してあるレベルの置き換え可能性のみを認める見方に立つとき、「空間的」な見方ができるようになる。

コラム 「〜空間」とは?

ここで示唆的であるかもしれないのは、「ベクトル空間」という概念のできあがり方である。空間中の別の点からの二つの矢印は違う矢印だが、「方向と大きさが等しければ同じ」と考えることによって、ベクトルの概念に至る。このような同じさを設定することによって、自由に足し算などの計算ができるようになるのである。現代的には、ベクトルというものをむしろ「ベクトル空間（線形空間）」の要素として定義するのであるが、このベクトル空間という概念自体が「方向と大きさが等しければ同じ」という考えによって可能となった「足し算」等の構造を備えた集合にほかならない。つまり、ベクトル空間の概念自体が、もともとは「等しさ」を緩くとることによって、ある種の空間性が考えられるということの例だったのである。

ベクトル空間に限らず、現代の数学では様々な概念が「空間」と名づけられている。たとえば「距離空間（metric space）」や、より一般の「位相空間（topological space）」、あるいは「粗空間（coarse space）」などがその例である。ある集合が「空間」と名づけられる場合には、何らかの意味での「近さ」がそこに定められており、その「近さ」の構造が定まることと「緩い等しさ＝置き換え可能性」が定められることとは等価であることが知られている[7]。

要するに、具体的な三次元空間から抽象的な空間概念にいたるまで、およそ「空間」というものは、「等しさ＝置き換え可能性を緩くとる」ことによって、はじめて考えられるようになるのである。様々なレベルで、「緩い等しさ」を考えることによって、様々な空間（距離空間、位相空間、粗空間など）が現われる。

5　真理について

こうして、時間と空間を「置き換え可能性」から考えることができるようになった。ここで問題にしているのは、そのような「置き換え可能性」そのものが、どのようにして「成立している」ないし「妥当している」のか、ということである。「空間が初めからあった」という見解を吟味したが、これと同じことが、「真理」についても言えるのではないか。ここでは数学的真理を題材として考えてみよう。

数学的真理、たとえばピタゴラスの定理は、歴史上ある時点で、言い伝えを信じるなら、ピタゴラスという一人の人物によって「発見」された。しかし、ピタゴラスの定理は、この「発見」によってはじめて妥当するようになったわけではない。この「発見」以前にも、ピタゴラスの定理は「正しかった」はずである。普通はこのような仕方で数学的真理を捉えている。しかし、この「発見」の意味を正確に捉えることは難しい。(これは、フッサールが『幾何学の起源』と呼ばれる草稿のなかで問題化し、デリダがそれに詳細な注解を付した問題である。[8])

「発見」というと、ピタゴラスの定理が永遠にどこかに存立していて、その永遠に存立している対象が、何らかの仕方で「露わになった」というイメージである。しかし、逆説的に聴こえるかもしれないが、ピタゴラスの定理というのは無条件で成り立つような命題ではない。あくまでユークリッド幾何学で仮定されている前提条件のなかで成り立つものである。実際、ピタゴラスの定理が成り立たないような幾何学も現代では豊富に存在している。だから、端的に「ピタゴラスの定理は永遠普遍に成り立つ」というのは、現代数学では不正確な言い方であり、少なくともミスリーディングであると言える。何を仮定しているか、ということと無関係に、何かが「普遍的である」などとは言えない。特定の前提が選ばれているからこそ、「もしこうだったら、こうなる」ということが言える。しかし、前提と帰結の関係自体は、その特定の前提が真理であるかどうかにかかわらず、成り立つ。したがって、この限定の範囲内では「普遍的である」と言うことができる。**誰でも**その特定の前提を共有するなら、その帰結も認めなければならない、という意味で、このことは「普遍的」であると言える。

「もしこうだったら、こうなる」と言ったが、このこと自体を証明するには、それどころかその「真理」を予想するときでさえも、何らかの「こうだったら」をとらないと、そもそも何もすることができない。何らかの「こうだったら」をとるという、非規準的選択によって、置き換え可能な「どうやっても」「誰がやっても」にはじめて到達できる。しばしば数学的真理について、「厳然と変えられない」とか「元からそうだった」ということが言われるが、そのこと自体、このような「置き換え可能性」として理解できる。「厳然と変えられない」というのは、「どうやっても同じ」（たとえ別の証明法をとるとしても同じ）ということだから、それについて語る様々な仕方の置き換え可能性として理解できる。「元からそうだった」というのは、「同じ前提を仮定さえすれば、いつの時代のどんな人が証明したとしても、同じになるはず」という、置き換え可能性のことにほかならない。

もちろん、その前提を仮定しないこともできる。だが、いかなる前提も仮定せずに、何らかの数学的真理を証明することはできない。この意味で、数学的真理は、必ず非規準的選択によってある置き換え可能性に到達するという構造によって成り立っている。非規準的選択がなければ何も始まらないが、置き換え可能性が成立した時には、それは様々な可能な選択の一つにすぎなくなる。

このように考えるならば、真理とは単に発見されるものなのか、それとも創り出される（創造される）ものなのかという問いに対しては、「どちらでもありどちらでもない」と答えることができる。いわば、「その真理は元からあった、つねに成り立っていた」と言えるということが創造される。真理そのものが勝手に創造されるわけではない。真理は、厳然と変えられないものとして露わになるのだが、その「厳然と変えられないものとして露わになる」という事態が成立することは、何らかの創造的な非規準的選択によって可能になる。「発見される」というときには、「誰でも発見しえた」ということを含意し、「創造された」というときには、「一度かぎりの主体的な活動によって」ということを含意していると思われるが、この二つは対立することなのではなくて、われわれが非規準的選択と呼ぶ一つの出来事にもとづいて、はじめて語りうるようになることなのである。

＊　＊　＊

われわれの出発点は「数学は何をすることなのか」という問いであった。「非規準的選択」とわれわれの呼ぶ、あらかじめ決まっているのではない選択にもとづいて、はじめて何らかの普遍的な「置き換え可能性」が立ち現われるのだが、そのためには、「非規準的選択」が「それ自身を消す」のでなければならない。それがここで「一般構造」と呼んだ構造（でありかつ出来事）である。それは数学の根幹にかかわるものであるにもかかわらず、数学に固有のものではなく、むしろ一切の出来事の根本現象たる「時間」を規定している原構造であり、「空間」の成り立ちを根本から理解可能にするものでもある。これにもとづいて、「真理は永遠で無時間的であるにもかかわらず、具体的にある時点である人によって見出されることなしにはありえない」ということについても、新たな理解が得られる。

数学というものが発見されるべくあらかじめどこかにあるのでもなく、われわれの側で勝手に案出するものでもないということは、およそ何かが何かとして立ち現われることの根本構造としての「時間」や「空間」にも関わっているし、そこで何かが「真理」として起ち上がってくる出来事にも関わっている。つまり、「数学とは何か」という問いを問い詰めることによって、われわれは「現実がどのようにして現実として捉えられるのか」という問いの核心に踏み込んでいることになる。しかもこのことは逆に、「数学」というものがいかに深く現実の核心に根づいているか、ということをも同時に照らし出しているのである。

第三章

「現われること」の理論

——現象学と圏論

第一章では、「場とは何か」という問いから出発して、「不定元」という考え方、すなわち、「決まっているが未知である」というある種の欠如を意味するのではなく、「不定」であることそれ自体が決定的な意義をもつという数学的な考えへと至った。このような意味での「不定性」をどこまでも持ちこたえるところに、数学が数学として成り立つのであり、それと同時に、「現実」もまた、そのような仕方でのみ「現実」として捉えられうる。いいかえれば、徹底的に「現象に即す」ということが、おのずから「数学」になるのである。なぜなら、「現われる」ということそれ自体が、「時間のなかで時間を超える」という構造をもっており、それこそが数学の核心にあり、また現実の核心にもある事態だからである。

そして第二章では、「数学とは何か、それは何をすることなのか」という問いを追究していくことにより、われわれが「非規準的選択」と呼ぶものによって、普遍的な「置き換え可能性」が成立すると同時に「非規準的選択」は「おのれ自身を消す」ということが、ある種の「一般構造」として見抜かれるに至った。時間や空間、真理といった、「現実」について語る際の最も基本的な前提になるような事柄もまた、このような「一般構造」から考えることができるようになった。このことは、「数学とは何か」という問いが、「現実とは何か」という問いの核心に関わっており、またその逆も言えるということを意味している。

こうしてこれまでの歩みを振り返ってみるとき、さらに次のような問いが浮かんでくる。「数学とは何か」という問いと、「現実とは何か」という問いが、別々の問いとしてお互いに深く関係しているというよりは、むしろこれらの問いは、同じ一つの問いを言い表しているのではないか？　ただ、われわれは、この「同じ一つの問い」を「……への問い」という形で直接名指す言葉をもたないがゆえに、「数学」を問うたり、「現実」を問うたりしていたのではないか？[1]

その「同じ一つの問い」を問うために、現象学と圏論について考えてみたい。というのも、現象学とは「現われる」ということを徹底して追究する思考であり、圏論とは「数学的活動の数学」とも言いうるようなものだからである。この二つを手がかりとして、「現われるとは、現実とはどういうことか」、そして「数学とは何か」という問いを、別々の問いとしてではなく掘り下げたいのである。

1　現象学における「変わらないもの」

われわれは日頃、様々な物と関わりながら暮らしている。それらの「物」は、さしあたり「変わらずにある」ように見える。では、「物」において「変わらない」のは何だろうか。

机に向かって仕事をしているとしよう。一旦机を離れて、別の用事を済ませる。再び帰ってくると、机の形が変わっていた、ということはない（あるとしたらよほど特殊な状況だろう）。机に関して、われわれは基本的に、「同じ」であることを期待している。別の方を向いて、振り返ったら机の形が変わっているというのでは困る。

では、机のような物が「同じ」であることを、われわれはどうやって知るのであろうか。「見ればわかる」と人は言うかもしれない。だが、真上から見た机と、横から見た机とでは、「見える形」はまるで違う。さらに、見る角度を変えれば、現われている形は刻一刻と変わる。つまり、われわれが経験している物の「現われ」に関して言えば、それはつねに流動しており、片時もとどまることがないと言える。では、このような流動する現われから、われわれはどうやって「同じ」物が「同じ」物だということを知るのであろうか。

「見え方は様々だが、〈机そのもの〉は同じなのだ」と言う人もいるかもしれない。このように「現われ」と「本体」を区別することは、一見もっともらしく見える。しかし、これが十分な解決であると言えるだろうか。「現われ」と「本体」を厳密に区別するなら、「本体」は原理上「現われない」ことになる。およそいかなる形でも「現われないもの」について、われわれはどうやって知るのであろうか。もしここで、「知りえないのだが、〈本体〉はあるのだ」と主張するとしたら、およそどんなものについても（どんなに荒唐無稽なものでも）、同じ主張が成り立ちうることになってしまう。「現われるもの」が「同じもの」としてあり、それが様々な「現われ」をもつ、という考え方は、それほど不自然なものではないが、その「同じもの」を「現われ」から切り離してしまった途端に、われわれは何か荒唐無稽な想定に導かれてしまう。とすると、「現われ」に即したままで、「同じもの」が「同じもの」として現われてくる、という事態を明らかにしなければならない。

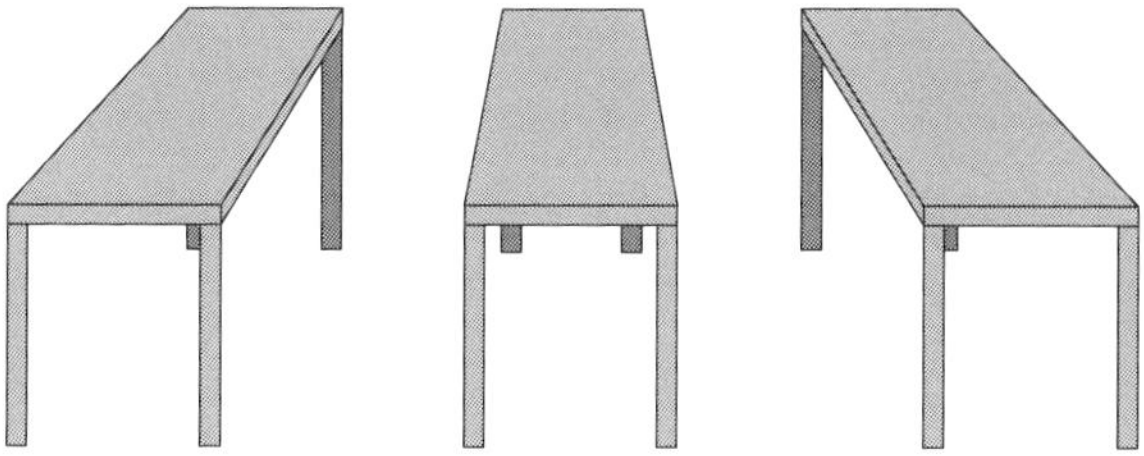

図1　机の現われの変化

視点の動きと現われの変化

再び机の例に立ち戻ってみよう。机を見ながら、そのまわりを回ってみる。机の現われは刻々と変わってゆく。そこで変わらないものは何だろうか。

上の図は、視点を動かしたときに、机の見え方が変わるということを示している。視点を動かすと、見え方がある一定の仕方で変わる。

ベッドに横たわった乳児が、顔を左に向けると、窓の光が見え、顔を右に向けると、室内の弱い明かりが目に入るとしよう。この場合、左への動きが、明るくなる変化に対応しており、右への動きが、暗くなる変化に対応している。このように、視点の動きが、現われの変化に対応している。

これを一般化して考えることができる。ある視点から別のある視点への動きmには、ある現われから別のある現われへの変化Mが対応している。mに引き続いて別のm′を行えば（たとえば机を前にして、右に動いてから後ろに動いたら）、それに対応する仕方で、

M に引き続いて M′ が起こる。いいかえると、m と m′ の合成が、M と M′ の合成に対応する。

その上で、最も決定的なのは、逆の動きには逆の変化が対応するということである。ある方向へ視点をずらせば、机の見え方も一定の仕方で変わるが、元の位置に視点を戻せば、それに応じて、机の見え方も元に戻る。もしそうでなかったとしたら、われわれは机の形が本当に変わってしまったと思うだろう。机を見ながら右に一歩進み、また左に一歩戻ったときに、机の高さが最初とはまったく違って見えたとしたら、おそらく机の高さが本当に変わっていたということになるだろう。元に戻る視点の動きには、元に戻る現われの変化が対応していなければならない。その間の連続的な変化も、最初の動きと、元に戻る動きとがまったく逆になる仕方で起こる。つまりここでは、動きを逆にすることにより変化を逆にすることができるということ、すなわち「可逆性」が重要なポイントとなっている。

こうして見てくると、視点の動きと現われの変化とが対応しており、それらの合成もまた対応し、それらを逆にする動きも対応している、ということがわかってくる。つまり、「同じ」物は、このような視点の動きと様々に変動する現われの只中にあるのだが、その動き・変動は、きわめて厳密な対応関係の規則に従っている。いかに激しく変動させても、この規則は変わらない。

射映——物は現われのなかにしかない

こうした変動・変化の規則を辿ってゆくと、現象学が「射映」と呼ぶ物体に特有の性格も見えてくる。これは、先ほどのきわめて一般的な変動の規則を、もう少しわれわれの経験に近づけた形で理解したものであるといってよい。本を見るとき、その本には裏側があるということも、われわれはすでに理解している。裏側のない本というものは、むしろ想像することができない。思っていた色と違う色だった、といった仕方で、予想が裏切られることはあるが、「裏側があると思う」ということはもうすでに「物を物として見る」ということのうちに含まれている。そして、本を裏返して見れば、実際に裏側を見ることができる。だがそのときには、さっき表であった面は、裏側になっていて、見ることができない。「本を裏返す」という動きには、現われの変化が対応している。本をまた逆に裏返して元に戻すと、現われの変化も元に戻る。

ここで、本の表面と裏面を同時に見ることができたとしたら、どうであろうか。同じ本の表面と裏面だということを知らない段階で、表面の現われと、裏面の現われとが同時に与えられたら、それらが同じ本に属するということはすぐにはわからない。本のすべての現われが同時に与えられたとしても、それによって同一の本が同一の本として知られるわけではない。なぜか。その理由は、すでに述べたことのうちに示されている。すなわち、ここで重要なのは本の個々の現われではなく、一つの現われから別の現われへの変化であって、その変化が、視点の変化と対応しているということである。この「変化」なしには、ただバラバラの現われが並んで見えているだけであり、それらを通して「同一の物」が見えてくるということにはならない。それゆえフッサールは、「神でさえ物すべての面を同時に見ることはできない」と考えている（『イデーンI』第43、

44節参照)。もしそうしたら、それはわれわれが「物」と呼んでいるものとは別のものになってしまう、というのである。全部の現われを同時に完全に見通した場合には、変化というものが意味を失ってしまう。このときわれわれは、様々な現われをもった一つの物を見るのではなく、一つの巨大な現われを見るだけなのである。

映画は静止画の連続から成り立っている。この静止画を一つの平面に並べて同時に見たとしても、同じ物は見えてこないだろう。だが、特定のコマと特定のコマとを順番に映し、その「変化」を示していくならば、そこに「同じ一つの物」が見えてくる。現実の知覚においては、この変化を逆回しにしたり、別の変化と合成したりすることが自由にできる。そこで重要なのは、個々の静止した現われではなく、つねに「変化」とその様々な対応関係なのである。

それゆえフッサールは、現われから切り離された「物そのもの」があるという考えを、「原理的な誤謬」として斥けている(『イデーンI』第43節)。「物」は現われのなかにしかない。といっても、現われを並べておくだけで、物が見えてくるということもない。「物」は現われの変化のなかにはじめて見えてくる。というより、現われの変化が織りなすシステムをつかんだとき、われわれは「同一の物」をつかんだと思うのである。[2]

2　圏から「同じもの」へ

圏＝矢印のネットワーク

さて、前節で述べてきた「変化が織りなすシステム」を数学的に最も一般化した仕方で言い表したのが「圏」（category）と呼ばれるものである。われわれが前節で行ったことを言い換えるなら、現われが単に静止像の羅列として見られるのではなく、現われの「圏」と呼びうるようなものを捉えたときに、われわれは「物」を捉えたと考えるのである。

「圏」について明確に定義する前に、われわれはすでに「圏」に対応する仕方で記述を進めてきたのであるが、ある現われから別の現われへの「変化」と呼ばれていたものは、圏においては、「射」（morphism）と呼ばれる一種の「矢印」として扱われる。圏とは、ある種の射のネットワークである（図2）。射と呼ばれる矢印には、根元と行き先が考えられる（図3）。ある矢印の行き先が別の矢印の根元と一致しているとき、この二つの矢印の「合成」というものが考えられる（図4）。ちょうど先ほど、動きとか変化の合成が考えられたようにである。

さらに矢印のなかには、ある特別な種類の矢印も考えられている。すなわち、「何もしない矢印」である（図5a、b）。動きという観点から言えば、「動かない」ことも一種の特別な「動き」と考えられるのである（ちょうどゼロを数の一つに数えるように）。なぜそのようなことを考えるのかといえば、先ほど「逆の動き」とか「可逆性」ということを言ったが、そのようなものをそもそも論じる前提として、ある動きと逆の動きを合成すると、結局「何もしない」のと同じになるということを語る必要があるので、この「何もしない」ということも、システムのなかに取

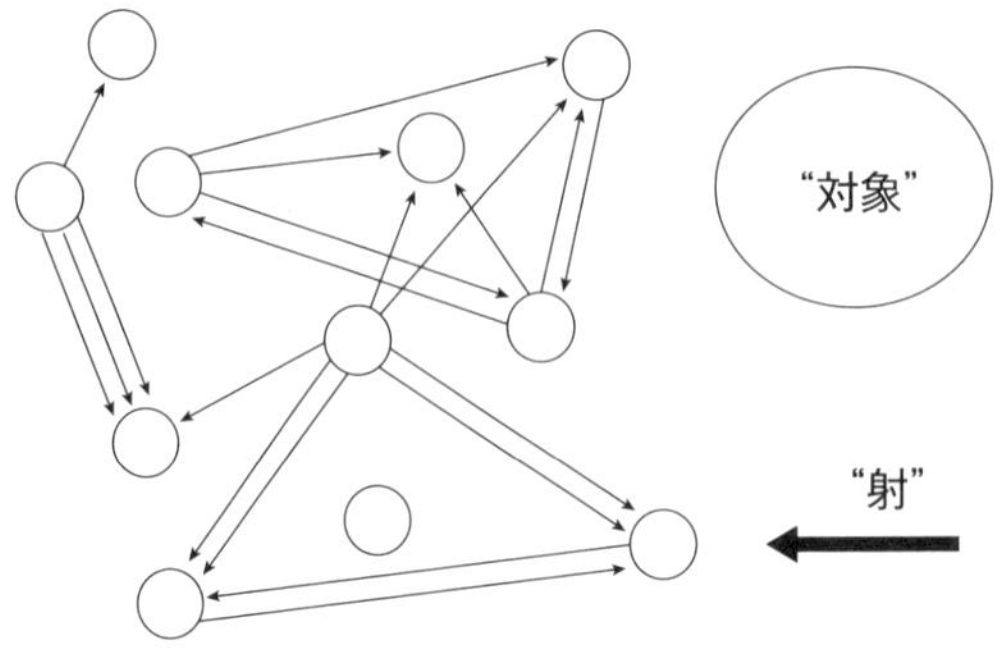

“対象”や“射”は以下に述べていくような関係性すなわち“圏の公理”を満たせば「何でもよい」

図2　圏の概念（イメージ図）

「fは対象Aから対象Bへの射」

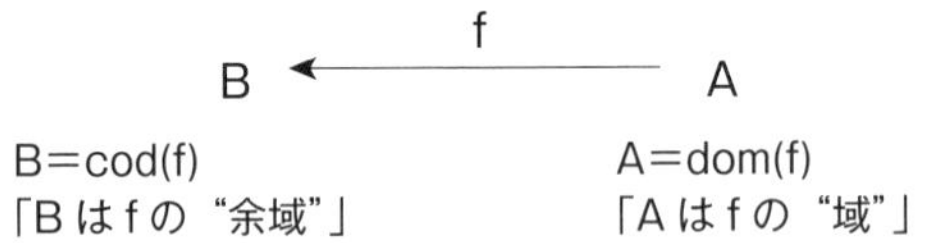

任意の射に対し（「どんな射に対しても」）その“域”となる対象と“余域”となる対象がそれぞれ一意に存在する（「ただ一つ定まる」）

図3 「射」と呼ばれる矢印

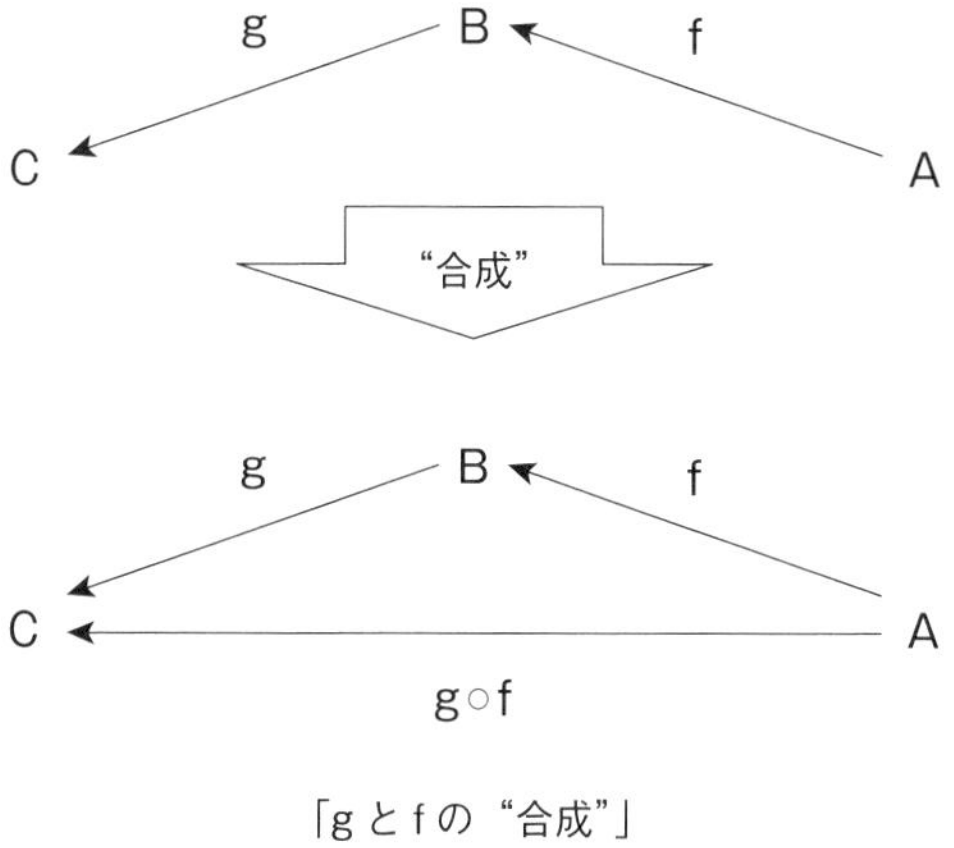

図4　二つの矢印の合成

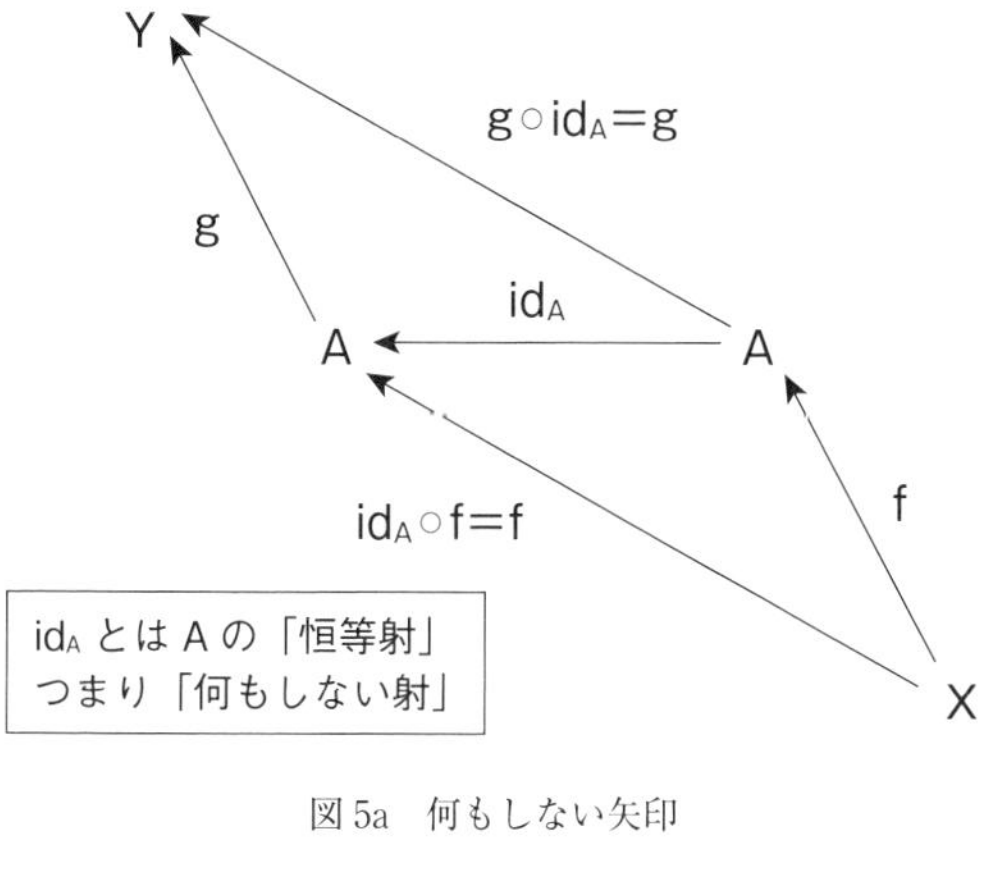

図5a　何もしない矢印

こういう書き方もある

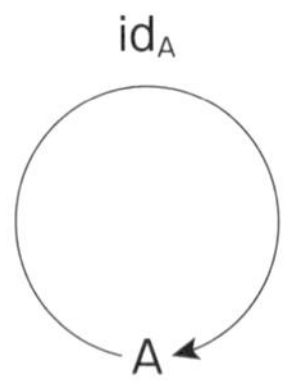

図 5b　何もしない矢印

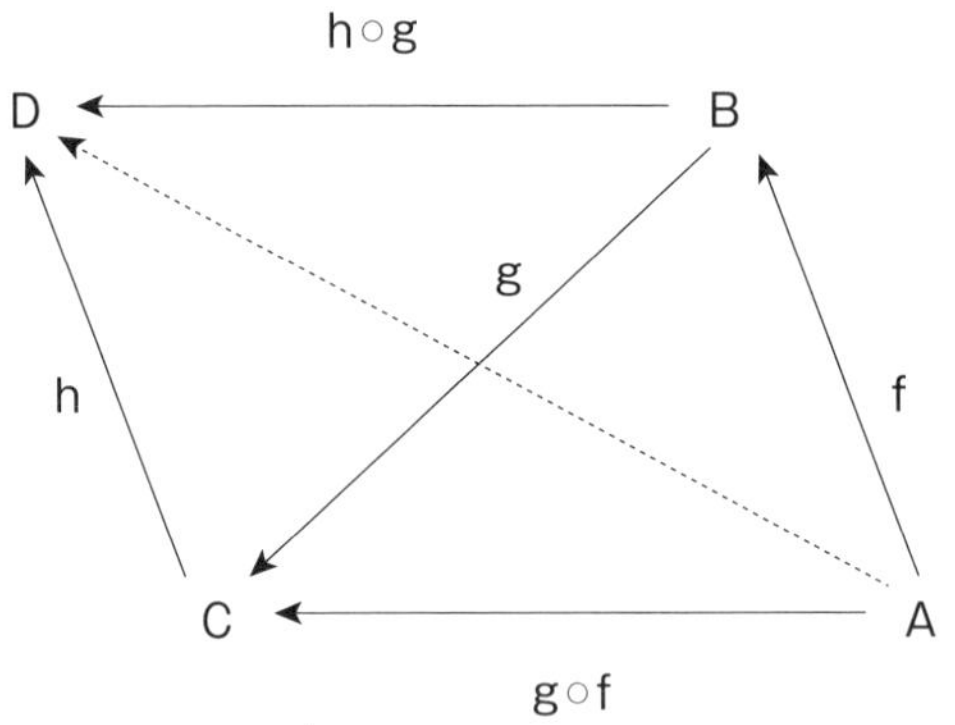

図 6　結合律

り込んでおくのである。なお、「何もしない」矢印については、根元と行き先は一致している（ただし一般には、根元と行き先が一致しているからといって、「何もしない」矢印であるとは限らない）。

最後に三つ以上の矢印の合成についても、二つずつ考えてゆけばよいという法則（適宜二つの矢印の合成として考えればよいという法則、すなわち結合律）が成り立つことを仮定する（図6）。すなわち圏とは、

・「射（矢印）」から構成されるシステムであって、
・「射」の「合成」が考えられ[3]、
・「何もしない射[4]」も含んでおり、
・そして「結合律[5]」を満たす[6]。

もう一度「物」の現われに即して考えてみよう。サイコロを例にとれば、サイコロを回転して、1の面の見えから6の面の見えに進むときに、2を通っても4を通っても5を通ってもよいし、2と4の間などを通ってもよい。二回転（あるいは三回転、四回転……）して6に進んでもよい。回転するたびに違う道を通ってもよい。ともかくいろいろなプロセスを考えることができるであろう[7]。1から6に限らず、ある見えからある見えへの様々な移りゆきが上で言う「射」に当たる。射が合成できるというのは、ここではたとえば1から2へ行くプロセスと2から4へ行くプロセ

スをつなぐことで、1から4へ行くプロセスが得られる、といったことである。「何もしない射」とは、何もせずに1のまま止まっているということである。

結合律は、「動き」に関しては自然に満たされてしまうので、当たり前に見えるかもしれない。1から2、2から4、4から6へ動くとき、1→2と2→4を合成してから4→6を合成して得られるプロセスと、1→2と（2→4、4→6）を合成して得られるプロセスが同じであるのは、空間的現出に関しては当然であると思われる。それもそのはずである。結合律は、そもそも動きのようなものにおいて自然に成り立っている（とわれわれが普通思っている）関係を表しているからである。

これが「引き算」になるとそうはいかない。(5−3)−1と、5−(3−1)は、答えが違う。そもそも、結合律は、三つ以上のものの関係を二つのものの関係に分解して扱う仕方があることを言っている。引き算は差を表しているが、「三つのものの差」と言ってもよくわからない。「三人の身長の差」というのは、ただちに一つの数値にはならない。差については、二人ずつの身長の差に分けて考えるほかないのである。

逆に言うと、足し算の場合は結合律が成り立っているので、足し算に関して数は「動き」として考えられる。2という数を考えてみよう。数直線の上で、1から3に移動するのも、6から8に移動するのも、「2を足す」という働きとして考えられる。このような数直線上での平行移動が、「2」という数「である」と言ってよい。この観点を一般化したのが「ベクトル」である。

そこでは、空間的な様々な方向への平行移動の合成として足し算が定義される。

要するに、「動き」とはすべてこういう性質をもっているし、こういう性質をもっているものは「動き」として考えることができる。(8)

可逆性としての同型

ところで、サイコロの場合、1から2に進み、2から1に戻ったら、何もしなかったことになるのだろうか。もちろんそう考えることもできる。「動き」の結果だけが重要だという視点からはそうなるだろう。一方で、途中経過を重視して考えるなら、そうはいえない。それは、二つのプロセスがどのようなときに等しいと考えるかに依存している。圏という概念は、プロセスの不可逆性をも自然に取り込んでいるのである。むしろ、不可逆なもののなかで、プロセスの等しさを粗くとると、可逆なものが現われてくることがある、というべきであろう。

厳密に考えれば、同じ出来事は二度と繰り返されない。時間的出来事は不可逆的に進んでいく。しかし、この不可逆的進行のなかで、何らかのレベルで「同じ」出来事が「繰り返し」起こると考えることもできる。A地点に停車していた列車がB地点に移動して、再びA地点に帰ってくるとする。この場合、最初にA地点にいた出来事と、戻ってきてA地点にいる出来事とは、別の出来事である。しかし、あるレベルでは、「同じ」出来事であるとも言える。途中経過を度外視して、「A地点にいる」という点だけを捉えれば、「同じ」と言えるのである。もしこのような考え方ができなければ、一切の出来事は異なり続けることしかできず、「同じ」ということが一切言えなくなってしまう。

プロセスの等しさを「粗く」とって、「同じ」と言えることとは、たとえばものごとを空間的に把握するためには必須である。われわれは、「同じ」ものに囲まれた空間に住んでいると思っているが、この安定的な見方は、つねに異なる不可逆的な特徴を捨象することによってはじめて可能になっている。しかし、その根底には、一切の出来事は不可逆的に進行していくという事実がある。この事実を尊重するのでなければ、数学は現実を十全に捉えることはできない。

圏論は、まさにこのような現実のあり方を最大限に尊重している。圏論においては、あらゆる概念が、（可逆とは限らない）「矢印」を通じて表現される。そして、不可逆性をもとにして、その特殊例として様々な可逆性を考えることができるのである。

A＝Bというのは、圏論的に言えば、A⇅Bということの特殊例となる。矢印はいわば不可逆性の象徴であり、イコール（＝）は可逆性の象徴である。そもそもの基準においては「等しくない」二つの対象の間に、「行って戻れる」矢印が双方向に存在するとき（すなわち「可逆」な矢印が存在するとき）、この二つの対象は「本質的に等しい」もの、すなわち「同型」なものとして考えられることになる（図7）。ここで「行って戻れる」というのは、単に出発点に戻ってくればいいということではなくて、その「行って戻る」プロセス（すなわち「行く」矢印と「戻る」矢印の合成）自体が、「何もしない」プロセス（すなわち id_A ないし id_B）に等しいということを意味する。

定義（同型射、同型）：対象 A から B への射 f が“可逆”であるとは、対象 B から A へのある射 g が存在して $g \circ f = id_A$ および $f \circ g = id_B$ が成り立つことをいう。可逆な射を“同型射”という。二つの対象の間に同型射が存在するとき、それらの対象は“同型”であるといい、A≅B のように表す。

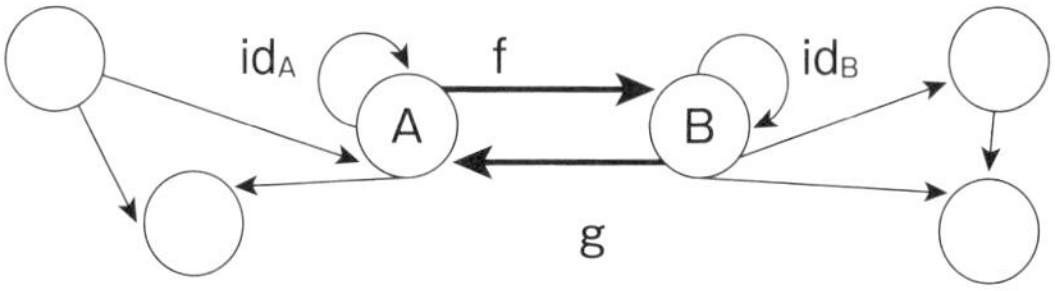

同型射との合成により、A の「立場」（その圏の任意の対象や射との関係）は B の「立場」と相互変換可能：同型は「本質的な同じさ」

図7　「同型」な二つの対象

たとえば、Aを0以上の実数全体の集合、Bを実数全体の集合としよう。AからBへの矢印として「平方根をとる」という操作を考え、BからAへの矢印として「二乗する」という操作を考えるならば、合成すると「何もしない」と同じになる。したがって、これは「行って戻れる」矢印のペアということになる。しかし、たとえば、AからBへの矢印として「平方根をとる」のかわりに、「三乗する」などをもってきて「二乗する」と合成したとすると、AからAへの矢印にはなるけれども（つまりこの意味では出発点に戻ってくるけれども）、「何もしない」のとは同じにはならない（たとえば、2を「三乗して二乗する」と64になる。これは元の「正の実数全体の集合」に含まれているという意味で出発点に戻ってきてはいるが、「何もしない」ことにはならないだろう）。

　合成すると「何もしない」と同じになるという意味で「行って戻れる」可逆な矢印がある場合には、

Aの話をBの話に書きなおすことも、Bの話をAの話に書きなおすこともできることになる。つまり、たとえ、AとBとが一見似ても似つかないものであったとしても、その可逆な矢印を通じて「本質的に同じ」とみることができるようになる。これが「同型」である。たとえば、「座標」という考えを持ち込めば、「平面」と「二つの数値の組（x, y）の集合」という一見似ても似つかないものを「本質的に同じ」と見ることができるようになり、幾何の問題を代数の問題に翻訳したり、また逆に代数の問題を幾何の問題に翻訳したりできることになって、数学は飛躍的に発展してきたのである。これはまさに「同型」の考えの歴史的に重要な一例といえる。

このように、「同型」という考えは数学のなかに古来からある発想ともいえるが、あらゆる分野を横断するかたちで、これを「不可逆性を通じて現われる可逆性」として定式化したのが圏論なのである。

「同じもの」の正体

ここに至って、われわれは冒頭から追求してきた問題、すなわち「同じもの」とはどういうことか、ということに一旦の定式化を与えることができることになった。すなわち、多様な「現われ」の間の可能な変化のネットワーク（圏）において、その変化が、われわれの置いた基準に関して「可逆」であるときに、その可逆な変化によってつながっている様々な「現われ」が、「同じものの多様な現われ」という形をとるということである。

再びサイコロの例を取り上げよう。1の面から2の面に現われが変化し、ぐるぐる回していくと、6→5と変化して再び1の面が見えてくる。今度は逆向きに回してみる。5→6→2と変化して、再び1が見えてくる。何度繰り返しても、同様である。このようなとき、われわれは「同じ」サイコロを手にしていると思う。実際に見ているのは、そのつどの多様な現われなのだが、この多様な現われの連鎖のなかに、「可逆」ということが起こっている。だが、もしたとえば、回していくたびにサイコロの目の数が増え続けていったらどうだろう。この場合、われわれは「同じ」サイコロを見ているという感じをもてなくなる。次々に変化していく何かを手にしているというほかないだろう。

われわれが「同じもの」を捉えているとき、いつもこのような「多様な現われの間のプロセスの可逆性」という現象が起こっている。逆に言うと、「多様な現われの間のプロセスの可逆性」こそ、「同じもの」の正体であるとも言える。

「異」と「同」が二項対立的に初めから与えられているのではなく、自明に「異」な多様な現われのなかに、(われわれの置く基準に応じて)「同」が現われ出てくる、という洞察が、「圏」の概念を手がかりとして得られたのである。

ここでわれわれは数学的な「圏」という概念を用いて定式化を行ったのであるが、これはことさらに数学を「応用」しようとして見出されたのではなく、「現われ」の一般的なあり方について追究する中で、不可避的に見えてきた構造だ、ということが重要である。圏とは、われわれの立場からすると、現われの一般理論のための手がかりを与える概念だということである。

3 「同じさ」からネットワーク（のネットワーク）へ

さてここで、これまで前提されていたもっと根本的な「同じさ」について考えてみたい。「同じ現われに戻る」というとき、それが「同じ現われ」であるとどうして言えるのだろうか。ある現われがあり、何らかのプロセスを経て、同じ現われに戻る。そのとき、何らかのプロセスを経ているのだから、先ほどの現われと今の現われはまったく同じではないはずである。少なくとも、「先ほどの」現われと「今の」現われとを区別しうるかぎり、それらはまったく同じではない。「先ほどの」現われと「今の」現われが「同じ」であるとなぜ言えるのだろうか。それらは「違う」と言い張ることもできるのではなかろうか。実際、それらが違うといえば違うということもよくわかっている。だが、それにもかかわらず、われわれはそれらを「同じ」と見るのである。

またサイコロの例に戻ると、1の面が見えていて、しばらく回して、また1の面が出てくる。ここで、「また同じ」1の面が出てきたと言えるのはなぜか。先ほどの1の面と、今出てきた1の面は、違うと言えば違う。その違うものを「同じ」と言うためには、何が必要か。

普通に考えるなら、先ほども今も、見えている面は「同じ形（同じデザイン）」をしているから、「同じ」と言えるのではないか、と考えられる。白い面に赤い丸が中心に一つあるという現われが、先ほども見え、今も見えているのである。

だが、それだけが「同じさ」の根拠であるなら、それは絶対的な同じさとは言えない。たとえば、手品師があるサイコロの1の面を見せて、それからそのサイコロを手のなかで回すように見せて、その間に別のサイコロとすり替え、また1の面を見せたとしよう。サイコロがすり替わっていることに、見ているわれわれはまったく気づかない。この場合、われわれは、「先ほどと同じ1の面を見た」と思うのではなかろうか。

もちろん、これは特殊な状況であり、自分でサイコロを回しているときにはこんなことは起こらない、と反論することもできる。しかし、もし神がサイコロを回すたびに、それを新たに創造しているとしたらどうか。先ほどのサイコロと今見ているサイコロは違うサイコロである。しかし、「形」は同じである。この場合やはり、われわれは「同じサイコロの面を見ている」と思うのではないか。ばかげた想定に思えるかもしれないが、「そうでない」という証拠を提出することもできないのではなかろうか。

荒唐無稽な話に思えたかもしれないが、ここでは、われわれが「同じさ」と見なしているものの本質が何であるのかをあぶり出してみたかったのである。ここで言いたいのは、われわれが何かを「同じ」と見なすとき、それが「絶対的な同じさ」である必要はない、ということである。神がそのつど事物を再創造していても構わない、あるいは、事物の原子レベルの状態が異なっていても構わない。それでもわれわれは、その事物の現われを「同じ」と見なすのである。そして、絶対的でなくても、そのような「同じさ」で十分であり、われわれはそれにもとづいて様々なものを認識している。

「同じさ」の発見としての数学

数学におけるイコール（＝）も、「絶対的な同じさ」ではなく、むしろそうでないところに意味がある。実際、一般的な数学の流れにおいては、「より緩い同じさ（でありながら有用な同じさ）」を発見することによって数学が進展するという傾向があったし、いまもある（学問の性格として）。「より緩い同じさを発見する」というのは、見かけ上明らかに異なるものの間に、「同じ」という関係を見出していくということである。

たとえば、明らかに大きさの異なる三角形が互いに相似であるというのは、合同に比べれば「緩い」同じさである。あるいは、方程式を解くということは、方程式を見かけ上違う式に書き換えていくということである。見かけは異なるが、解だけは変わらないように書き換えていくのである。ここでは、式が異なるということに対して、解は同じであるというより「緩い」同じさを利用している。もっと根本的に言うなら、数学とは難しい問題を「本質的に同じ」易しい問題に言い換えていくことであるとも言える。つまり、見かけ上異なる何かと何かの間に、一見わからないような、より「緩い」がしかし役に立つ「同じさ」を発見しているのである。

このように、「より緩い」同じさの発見は数学の「定義」とすら言えるほどだが、「すでに与えられている」同じさが、どのように生まれ出てくるか、という方向性は、これまで「数学内部」ではあまり問われてこなかった。たとえば、2＋3＝5といったようなときの＝は、「すでに与えられた」ものとして捉えられており、そのバックグラウンドにある「差異」の無化を通じて得られた、という観点は（認識論的・発生論的・教育的観点からはもちろん重要とされるものの）、表だって現われることはきわめて少なかった。

しかし、近年の数学の進展にともなって、2＋3＝5といったレベルの＝をも、圏の「同型」として捉えるという考え（いわゆる「圏化」）が数学内部での研究テーマとして現われてきた。

たとえば、われわれは自然数というものの集合を「すでに与えられている」と考えることが多く、そこでの＝を「それ以上精細な観点から」みようとはしないのがふつうであるが、よくよく考えてみれば、2＋3＝5というときの＝の意味さえ自明ではない。日常的な例でこの式を子どもに教えるとすれば、たとえば「二個のリンゴと三個のリンゴをたすと五個のリンゴになります」とでもなろうか。しかし、二個のリンゴの入った袋と三個のリンゴの入った袋がそれぞれ一つある状況と、五個のリンゴの入った袋が一つある状況とは、もちろん違った状況である。それが＝であることがわかる、というのは、それでも「個数としては」同じ、ということが見通されているということである。いまはリンゴというある程度「等質な」ものについてだったが、さらにいえば、「五個のリンゴ」「五個のミカン」「五個のおはじき」についても、「個数としては」同じということが見通せるだろう。いったい、あり方としては異なる「ものの集まり」が、「同じ個数である」というのは、どういうことなのだろうか。

同型のネットワーク

じつはここに、先ほど述べた「同型」の考え方がすでに働いているのである。ふたつの集まりが「同じ個数」であるというのは、その間に「一対一対応」がある、ということにほかならない。すなわち、一方の要素と他方の要素を一つずつ過不足なく対応付けることができたとき、「同じ個数」であるといえるのである。

「一対一対応させる」というと、リンゴを一つずつ袋から取り出して、別の袋から一つずつ取り出したミカンとペアにしていく、ということでいいように思える。こういうやり方で、すべてのリンゴに対してミカンを対応させることができれば、一対一対応ができたことになるだろうか。

いや、そうはならない。まだミカンの袋のなかに、余ったミカンがあるかもしれないからである。つまり大切なのは、すべてのリンゴに対してミカンが一つずつ対応しているのみならず、すべてのミカンに対してもリンゴが一つずつ対応していなければならない、ということである。すなわち、この対応は、「可逆」でなければならないのである。いいかえれば、一対一対応とは、ものの集まりに関する「同型」であるということだ。

「同型」とは、「絶対的に同じ」ということではない。違うものを「同じ」と見なすことである。世界は違うものに満ちているが、そのなかに様々な同型を見てとることができる。二個のリンゴと、また別の二個のリンゴの間にも同型が見られるし、二個のリンゴと二個のミカンの間にも同型がある。その他無数の二個のものの間に同型が見られる。だが、ここで「二個の」と最初から言ってしまったが、実はこうした同型、無数のものの間に見られるネットワークこそが、「2」と名づけられているものの正体である。至るところに見られる可逆的な対応の一つのネットワークが、「2」と呼ばれているのである。「3」についても「5」についても同じことが言える。

　すべての「集まり」どうしが、同型のネットワークによってつながれているわけではない。「2」のネットワークと、「3」のネットワークは、その意味で、「切れて」いる。むしろそのようなレベルでの「違い」によって、数の「多様性」そして「個性」が生まれてくるのであり、それらのネットワークすべての集まりを考えることにより、「自然数」の集合の概念が生まれてくる。

　ここに至って、ついに2＋3＝5、といったレベルの＝の非自明性と、＝を「同型」を通じて捉えるということの意味を理解することができる。わたしたちが慣れ親しんだこの2＋3＝5とは、

「2」のネットワークを構成するどの集まりと
「3」のネットワークを構成するどの集まりをとっても、
それらを合併した集まりは、

「5」のネットワークを構成するどの集まりとも同型である

ということである。

イコールの由来――ネットワークのネットワーク

ここで、具体的な例をあげて考えてみよう。二個のリンゴの集まりと、三個のミカンの集まりと、五個のおはじきの集まりがあるとする。もちろん、「二個のリンゴの集まりと三個のミカンの集まりとを合併した集まり」は、「五個のおはじきの集まり」とは、まったく異なるものといえるだろう。しかし、たしかに、「二個のリンゴの集まりと三個のミカンの集まりを合併した集まり」と、「五個のおはじきの集まり」との間には、一対一対応がつく、すなわち「同型」を見出すことができる。実に、この「同型」を問題にしているからこそ、この場合においても2＋3＝5である、と言えるのである。われわれが2＋3＝5、というときの＝は、この「同型」によって行き来できる、ということにほかならなかったのである。もちろん、これはリンゴやミカン、おはじきの話にかぎったことではまったくない。「2」「3」「5」という同型のネットワークに属するどんな集まりをとろうとも、この同型が成り立っていることがわかる。これが、2＋3＝5を「同型」を通じて捉える、ということなのである。

つまり、自然数という概念は、「（有限な）集まりとその間の対応付けの作るネットワーク＝

圏」においての「同型」を「＝」と観ることで生まれてくるのだ、ということである。

このように、（慣れ親しんだ）数学的概念やそこでの「＝」を、なんらかの圏の「同型」から生まれてくるものとして捉えなおすことを、数学では「圏化」と呼んでいる。この「圏化」は、最近の数学研究の一つの潮流となっているのだが、これは数学の歴史のなかでも特筆すべき、すでに慣れ親しんだ「＝」の由来を問うという、「逆向き」の思考の展開なのである。

イメージをしやすくするために、これをより一般的な表現で言いなおしてみよう。「関係」という言葉は数学では多くの場合2項関係（せいぜい有限項の間の関係）を表すために使われるため、ここでは同型のものについて「ネットワーク」という語を用いたが、一般的には「多数のものの関係」とか「無数のものの関係」という言い方も可能である。この言い方を用いるなら、2＋3＝5というのも、2という「もの」と3という「もの」と5という「もの」の間の関係ではなく、むしろ「関係と関係の間の関係」を言い表していると言ってもよいのではないか。無数のもののネットワークと、無数のもののネットワークが、さらにネットワークを成す、という目も眩むような関係性の「かたち」が、2＋3＝5という単純な形に集約されているのである。逆にいえば、2＋3＝5の背後には、つねにこうした「無数のもののネットワークのネットワーク」がある。2＋3＝5という言い方を用いることによって、われわれはこうした膨大なネットワークを一挙に扱えるのである。

こうしてわれわれは、「＝」というものを「絶対的な同じさがある」というように捉えず、「同型」、さらにいえばネットワークとネットワークの間を自由に行き来できるということとして捉えなおした。ネットワークとネットワークの間を自由に行き来することが可能になったとき、そこに一つの「＝」が設定される。行き来できる別の道が開かれたとき、また別の「＝」が設定される。「＝」とは、様々なレベルで、「同じと見る」ということ、ネットワークを行き来する道が開かれること、を言い表しているのである。

以下ではこのような「＝」の捉え方をより明瞭に捉え深めるために、「関手」および「自然変換」という圏論的概念を導入し、それを手がかりとして議論を進めていくことにしよう。

4　関手と自然変換

「関手」および「自然変換」とは何か。まず端的にいえば、関手とは「圏から圏への関係づけ」であり、自然変換とは「関手から関手への関係づけ」、つまり「関係づけから関係づけへの関係づけ」である。（「何々から何々への関係づけ」という言い方よりも「何々と何々の間の関係」といったほうがより自然な言葉づかいであろうが、まずは「方向性」があることを強調するために数学ではこのような言い方をする。基本的には方向性があるのだが、「双方向に」自由に行き来できるとき、「何々と何々の間の関係」という言い方が用いられる。）より数学的な定義に先立って、これらの概念がどうして重要なのか、具体的な例をとって説明してみよう。

関手とは何か

たとえば私たちが、「生態系」というものを理解しようとする生態学者だとしてみよう。生態系とは、生き物たちが、「食う食われる」といった捕食関係や、「寄生する寄生される」といった寄生関係、あるいは「利益を与え合う」という共生関係など、実に多種多様な関係の織り成す動的なネットワークのことである。この生態系においては、Aという種がBという種に影響を与え、またBという種がCという種に影響を与えるとき、AはCに間接的な影響を与えることになるから、この「影響」を矢印＝「射」と考えるならば、「圏」として捉えることが可能である。

しかし、これだけではまだほとんど何も理解したことにはならない。生態学者は、これらの種が「どのように」影響しあうのかをより精密に理解したいし、できれば予測して種の保全などの課題に役立てたいと考えているのである。では、どうすればよいか。

単純な、しかしきわめて根本的な方法は、「測定する」ということである。たとえば、各種の「個体数」を数えることにより、生き物たちの影響関係は、数量間の関係＝関数に翻訳することが可能となる。この関数は、もちろん気候をはじめとする様々な条件により変動するけれども、ある一定の条件のもとでは、（近似的にではあるが）確定すると考えられる。実際には、数量の間のグラフを書くなどして、この関数を推測していくことになる。

ともあれ、「個体数を数え、その間の関数を考える」という一連の流れを通じて、生態学者は、生態系というこの生々しい圏を、頭のなかや紙の上（ときにはコンピュータの上で）操作できる圏へと「翻訳」することができるようになる。

この「翻訳」をすることで、Aという種の個体数の変動により、BやC、あるいはその他の様々な種がどのように変動するか予測することもできるようになる。なぜなら、この翻訳を通じて、生態系の圏における射（影響関係）の合成が、数量の圏における射（関数関係）の合成に変換されているからである。関数関係の合成というのは、一つの関数の出力を他の関数の入力とすることであり、要するに「代入計算」をすることにほかならない。こうした手元の計算結果を通じて、生態学者は、実際には目に見えないかもしれない生態系の圏の射について理解したり、推察したり、あるいは発見することさえ可能となるのである。

ここで重要なことは、この「翻訳」すなわち「圏から圏への関係づけ」が、

・対象が対象に対応づけられるのみならず、射が射に対応づけられている
・一方の圏における射の合成が、他方の圏における射の合成に関係づけられている

ということである。そして、そうであるからこそ、「役立つ」。もしも、この対応関係が、上記の性質をみたさない（はなはだしいズレが生じている）とすれば、「役立たない」、ということである。

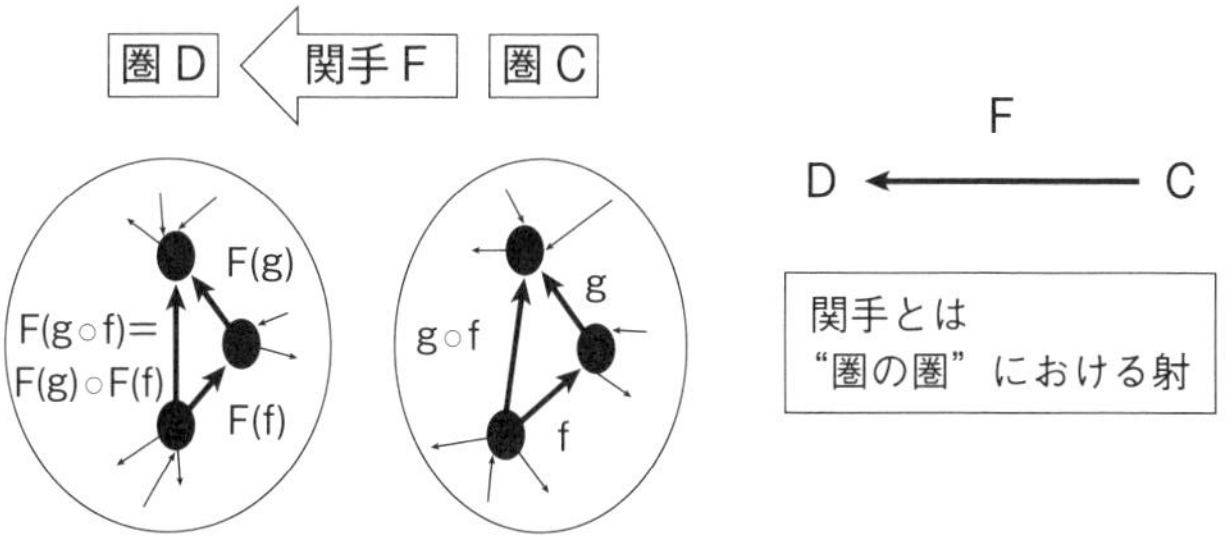

定義（関手）圏 C から圏 D への関手 F とは、圏 C の任意の対象および射に対して圏 D の対象および射をそれぞれただ一つ定める対応づけであって、dom(f)=cod(g) となる圏 C の任意の射 f, g に対し、$F(g \circ f)=F(g) \circ F(f)$ であり、圏 C の任意の対象 A に対し、$F(id_A)=id_{F(A)}$ をみたすものをいう。

図８　関手＝圏から圏への関係づけ

実は、関手とは、このような意味で「役立つ」圏から圏への関係づけなのである。すなわち関手とは、圏から圏への関係づけであって、「一方の圏の射を他方の圏の射へと、合成関係を保存しつつ対応付ける」という条件をみたすものをいう（図8）[9]。

よく考えてみると、上記のややアカデミックな例に限らず、われわれが何事かを体系的に「理解」しようとするとき、あるいは合理的に「翻訳」しようとするとき、あるいは役立つ「モデル化」をしようとするとき、それは何らかの「関手」を構成しようとしているのである。

関手の構築

歴史的に最も偉大な関手の構築の一つは、もしかすると「数える」「測る」という種類の関手かもしれない。世の中にある（考え得る）多種多様な集合たちのなす圏を「理解」するために、手元のおはじきなりタイルなり、あるいは枝なりといった操作しやすい特定の集合たちのなす圏に「翻訳」することが可能となったとき、単に「多い」とか「少ない」とか（多くの場合個々人の感覚にかなり依存する）捉え方ではなく、だれもが共有できる「数量の捉え方」が生まれたと言える。これなしには、現代の経済社会はほとんど機能しなくなるであろう。

あるいは、「地図を描く」というのも、関手の構築であるといえる。一般に、何か「見取り図」を描くということは、理解したいシステムを圏のように捉え、そこから操作しやすい圏への関手を構築することなのだ。

「数量化」と「地図を描くこと」の融合ともいえるのが、「座標」の考えであるといえる。これにより、空間や時間、そこでの動きといった、けっしてそのものとしては数量ではないものを、数量の世界の話に翻訳することができるようになった。これもまた、関手の構築の偉大な例といえるだろう。

このように、関手とは、「理解」「翻訳」「モデル化」「座標づけ」などの言葉によってイメージ化できるものである。数学の理論の内部においても、関手はまさにこのように機能している。そもそも、数学的な対象というもの自身、現実のモデル化から生まれてきたものが多いわけだが、直接にそのようなものでなくても、「モデルのモデル化」「そのまたモデル化」……を行うために生まれてきたものである、と言いきってもさほど言い過ぎではない。そのような対象たちのなす圏は、いわば数学の「分野」に対応しており、その間を橋渡しする関手を見つけることは、分野を橋渡ししながら、一方の分野で謎であったものを他方の分野の話に翻訳することで理解できるようにするための手段でもある。たとえば「ホモロジー理論」というのは、図形たちのなす圏から、代数システム（一般化された数量と思っていただければよい）のなす圏への関手を構築し、用いることで、図形についての難しい問題を、代数の問題に翻訳する（あるいはその逆を考える）学問なのである。このように、数学の内部においても、「理論化とは関手の構築である」と捉えることが可能である。

自然変換とは何か

さて、ここできわめて重要なことは、これらの関手は、通常「一つに決まるものではない」ということである。数量化するにしても、「どのような数量に注目するか」には多くの可能性があるだろう。また、注目する数量の種類を決めてすら、その数量化は一つに決まらない。

たとえば、「速度」という量を考えてみよう。動いているものがあるとき、その「速度」という量を考えることは自然だろう。これは現代の人間にとってはきわめてなじみ深い量である。しかし、速度というのは、「誰から見るか」に依存する量である。たとえば、駅でホームのベンチに座っている人が、通過する特急列車を眺めるとき、それは猛烈な速度で動いている。しかし、特急列車のなかで居眠りしている人にとって、その特急列車は速度ゼロといってよいだろう。実際、これは錯覚というような話ではない。駅のホームでコーヒーを楽しんでいる人も、特急列車のなかでコーヒーを楽しんでいる人も、特急列車が速度を変化させないかぎり、まったく同様に味わうことが実際に可能なのである。

この種のことの理論的重要性を見ぬいたのがガリレオであった（かれは特急列車ではなくゴンドラのたとえを使ったが）。実際、日常的な感覚からすれば「ホームから見た速度」こそが「本当の速度」のように思えるが、考えてみれば地球は自転も公転もしているわけだから、「太陽にとっては」ホーム自身が猛烈な速度で動いていることになる。では、太陽はどうかといえば、アンドロメダ星雲のどこかの星からすれば、やはり猛烈に動いていることになるだろう。このように、速度というものは相対的であり、「誰から見るか」＝「座標系の選択」に依存してはじめて数値化できる量なのだということである。

しかし、だからといって、「相対的であるから何も言えない」「正解は決まらないから、これ以上探究しない」ということではない。まったく逆である。むしろ、「この座標系からみたらこの速度である時、他の座標系からみるとどのような速度となるだろうか？」といった問題、すなわち「座標変換」の問題を、正面から取り上げる必要があるのだ。ガリレオは、現在では「ガリレイ変換」と呼ばれるこの座標変換の計算法を発見し、運動の記述の基礎に据えたのである。実は、速度どころか、ほぼすべての物理量がこのような「座標系の選択」に依存している。位置しかり、時刻しかりである。それでもガリレオ以来の物理学者たちは、時刻の差としての時間に関しては、

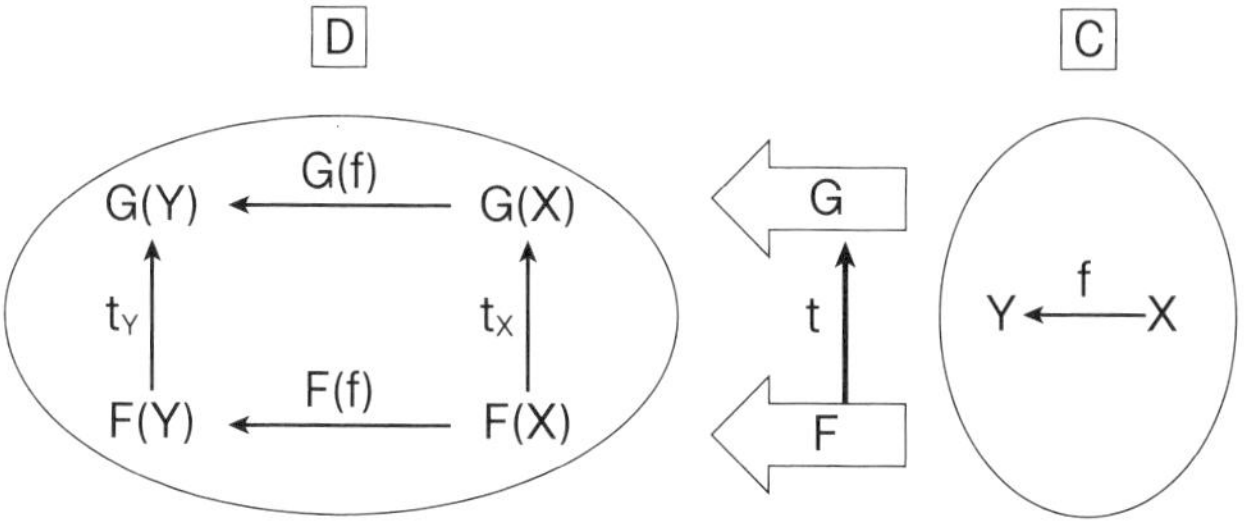

定義（自然変換）：F、G を圏 C から圏 D への関手とする。圏 C の任意の対象 X に対しそれぞれただ一つ F(X) から G(X) の射 t_X を定める対応づけ t が F から G への自然変換であるとは、圏 C の任意の対象 X、Y および X から Y への任意の射 f に対して、$G(f) \circ t_X = t_Y \circ F(f)$ が成り立つことをいう。

図9　自然変換

すべての座標系において変わらないと考えていたが、アインシュタインの相対性理論において、その時間すらも、座標系の選択によっていることが明らかにされた。すなわち、座標変換の問題は、物理学の根本問題として考えられるようになったのであった。

　実は、この「座標変換」を一般化したものが、関手から関手への関係づけ＝「自然変換」と呼ばれるものなのである（図9）[10]。先ほども、関手を構築することを「座標化」と喩えた。ある「座標化」から別な「座標化」への関係づけ、すなわち座標変換を考えることが重要な問題意識であるように、ある「関手」から別な「関手」への「自然変換」を考えることもまた重要である。「座標化」だけではない。異なる「理解」や「翻訳」、あるいは「モデル化」「理論」といったものの間を橋渡しすることもまた、自然変換の構築であるといえる。歴史的には、この「自然変換」を数学的にきちんと定義するために「関手」を定義する必要があり、「関手」をきちんと定義するために「圏」の定義が必要である、という認識のもとで圏論が構築されたのである。要するに、この「自然変換」を定義したいがために、圏論は生まれたのであった[11]。

圏論の基本概念のまとめ

ここまでに出てきた圏論の基本概念について一旦まとめておこう。まずわれわれは、「変わらないもの」「同じもの」を捉えるために、「現われ」と「現われの変化（動き・プロセス）」のネットワークを考えることに導かれた。この「現われ」と「現われの変化」を数学的にモデル化したものが、圏における「対象」と「射」であり、それらのなすネットワークこそが圏であった。このネットワーク間の関係づけが、圏から圏への関係づけ＝「関手」であり、関手から関手への関係づけが「自然変換」だと述べた。

先ほど論じたように、「理解」「翻訳」「モデル化」あるいは「座標化」といったものは、まさに「関手」として捉えられるのであり、それらの間の変換関係（すなわち「一般化された座標変換」のようなもの）は自然変換として捉えられる。ところで、いわばこれらと双対的に、「表現」や「構成」、「現実化」といった言葉で捉えられる働きもまた、関手として捉えられることにも注目したい。

たとえば、設計図という机上の圏から、その関係を保ちながら建造物（その各パーツを対象と考え、その関係を射と考えれば、それも圏と考えることができよう）を作り上げることは、いわばこの世界への関手を構築することにほかならない。先ほど述べたように「地図化」というのは関手と考えられるが、逆に、地図を用いて現実の土地を歩いていく、その「歩み」を現実化させていくこともまた、関手と考えられる。少し飛躍した例のようにも捉えられるかもしれないが、楽譜に書き出すことも、楽譜を用いて演奏することも、共に「関手」の構築と考えることが可能である。このように、いわばあらゆる方向に向かっての関係づけが関手と考えられる。抽象から具体だけでもなければ、具体から抽象だけでもない。あるいは、どちらが具体でどちらが抽象ともつかない、ありとあらゆる関係づけの構築は、関手と考えられるだろう。すると、この「関手」を包括的な仕方で言い換えるとすれば、それは何であろうか？

それもまたある種の「現われ」ではないか。関手とは、まさに圏が圏に現われる、その「現われ」である。そして、その「現われの変化（動き・プロセス）」が自然変換ということになる。このようにして、関手を対象とし、自然変換を射とする圏を考えることができる。これを関手圏とよんでいる。実は、本質的にあらゆる圏はある関手圏の一部分と考えられることが知られている（米田埋め込み）。こうして、圏論の枠組みが綺麗に一周螺旋階段を登る（あるいは下へと降りていく）。自然変換の概念が登場することにより、圏の基本概念の一揃いがようやく完成する。先ほども述べたように、圏論の創始者は、この「自然変換」を定義したいからこそ圏論が生まれたと言っていたが、その一つの意味がこうして理解できるようになる。

5 「現われること」の理論へ

さて、ここまでは基本的に、一旦圏論という「数学の内部」での話として進めてきた。しかし、それが、われわれの日常のあらゆる理解や、モデル化、表現、総じて言えば「現われ」と、その「現われの変化」をきわめてよく表現していることがわかってきた。とすれば、ここで次のような問題意識が生まれる。圏論の創始者たちは、いわゆる「論理的順番」からいうときわめて奇妙なことをいっていた。すなわち、「自然変換」の定義のために「関手」を、「関手」の定義のために「圏」を定義する必要があったのだと。つまり、圏論の最も根本的な概念は、定義としては基本概念の「最後」に登場する自然変換だというのである。このことを、これまでの議論に照らし合わせると、次のような可能性が見えてこないだろうか。

すなわち、言葉上、説明の都合上は「最後」に登場する「現われの変化」こそが、実は存在論的には「最初」にくるものではないのか、と。むしろ「存在」論、という言い方から一般的にイメージされる枠さえも超えて、変化・動き・プロセス、あるいはさらに言い換えるとすれば「媒介」をこそ、根本に据えるべきなのではないか、という可能性である。

この見方に立ったとき、一挙にこの思考の流れが第一章や第二章で論じてきた問題とまさに間断するところなくつながっていることがわかる。第一章において、われわれは現代物理学の根本概念である場、特に「量子場とは何か？」という問いから出発して、それ自身が決して、「それ自身のみ」によっては確定しえない「不定元」と言うべきものであり、それは「誰から見るか」「どのような状況におくか」といった関係づけを通じて現われるのだということをつかんだ。この「現われ」と切り離された「場」をいくら考えようとしても、それは不毛となる一方で、特定の「現われ」のみに固着しているかぎり、この現実を捉えることはできず、場とはまさにその個々の「現われ」を媒介する「現われの変化」、つまりわれわれがこの第三章で展開してきた圏論の概念で言えば自然変換という根本的な次元において捉えなくてはならないものなのであった。場、不定元、自然変換、それらはまさに「かたち」の権化でありながら「それ自身のかたち」をもたない。個々の現われ＝座標化、状況、関手を通じてはじめて現われるのでありながら、それらの個々の現われのどれにも固着してはいない。実際、場の本質は、「どの座標系から見るか」の変換に対応してその現われの変換が起こる、その変換規則そのものによって捉えられるのであったから、その点で「この現われ」こそが絶対だ、という仕方では決して個々の現われに依存しているわけではないのであった。

さらにこれを、第二章で導入した「非規準的選択」という言葉によって言い換えてみれば、この「個々の現われ」＝関手が生まれることが非規準的選択であり、しかもそれが「その関手でなくてもよかった」「別な関手に変換可能」ということを通じて非規準性が「消される」ということ、その構造＝出来事が、この第三章で導入した圏論の概念で言えば自然変換に相当しているのである。

これらは、もちろん、通常の考え方からすれば「まったく別の事柄についての、まったく別の議論」であって、それらを「同じ」と見るなどというのは、それこそカテゴリー・ミステイクと考えられることであろう。しかし、今や、その「同じ」さは決して無視できないものとして、われわれの前に現われてはいないであろうか。

個々のものに固着もせずおろそかにもしない

いったい、これらの「自明に異なる」「自明に隔たった」諸問題の間に、なんらかの同じさを見ることがどのようにして可能なのか。そして、それらを「同じ」と見ることに一体なんの意味があるというのだろうか？　このような疑問は当然である。しかし、これらは、まさに多様な現われでありながら、その現われの変化を通じて、確かに結び合わされている。それぞれ独立に存在している諸問題を外的に結びつけて論ずることが可能だ、ということではなく、一つの問題を考察していくうちにそれが自然と他の問題の考察につながっていく。このプロセスを通じて、同じさが現われてくるのだ。「現われ」について考えていくうちにその現われが変化していく、その流れにおいて「同じさ」が現われてくるのである。これこそ、自然変換を通じて関手間の「同じさ」が現われてくる、という数学的構造を手がかりとしてわれわれが照らし出そうとしてきた構造＝出来事にほかならない。

それは、個々の現われによることなくしては捉えられないが、また個々の現われに固着することによっても捉えられない、という構造＝出来事である。

すでに論じたように、場をその個々の局面における現われによらずに捉えようとすることは不毛である。このような「場の実体論」は、いわば場を書き表す数式「こそが」現実なのだという一種の独断論に陥る。科学にとっての数学は、それなしには先に進むことができない必須の道具ではあるが、それだけに固着して、「数式こそが現実だ」と言ってしまうとき、そもそもわれわれが場という概念によって捉えようとしていたこの現実の構造＝出来事を捉えそこなってしまう。一方で、個々の現われが粒子的であることをもって、粒子の描像を場に押し付けてしまう「粒子の実体論」に陥ると、やはり不合理が生じた。個々の現われに固着してしまうと、その間の変換関係こそがわれわれの問題にしているこの現実の構造＝出来事なのだということを見失ってしまうのである。

また、そもそも数式といった数学的な表現それ自体が、「一つの現われ」であり、絶対的な表現が存在するのではなく、むしろ表現の間の「置き換え可能性」をこそ、数学と呼ばれる活動は追い求め続けるのだということも、非規準的選択についての議論を通じて見てきた。そして、これらの変換関係や置き換え可能性という構造＝出来事が、自然変換という数学的表現を手がかり・機縁として照らし出されてくることをも見てきた。自然変換は、まさに関手の間の変換関係であり、それによって関手の置き換え可能性を表現するものであるから、「個々の関手」に固着するものではなく、むしろ固着するかぎりはけっして捉えられないものである。一方で、それを定義するためには個々の関手によるほかはない。つまり、個々の関手という現われによることなくしては、捉えることができないのであった。

さらにいえば、この「自然変換」という概念それ自体が、数学的表現という「一つの現われ」である以上、それのみに固着しているかぎり、決してこの概念自体がわれわれの問題にしてきたこの現実の構造＝出来事を照らし出してくれるものでもないのである。実際、この自然変換の概念を使いこなしている数学者たちも、そのような構造＝出来事を意識しているわけではないだろう。むしろ、不定元としての場、非規準的選択、といった「個々の現われ」についての議論からのつながり、変換関係、置き換え可能性が浮かび上がることによって、自然変換というそれ自身数学的な道具に「すぎない」ものが、ただ数学における探究のみならず、われわれが日々生きぬいているこの現実の構造＝出来事を照らし出し始めるというべきである。

つまり、自然変換という概念を通じて、「個々のものに固着しないが、個々のものをおろそかにするわけでもない」という思考が決して机上の空論ではなく、むしろそれなしには数学という活動すら成り立たないほどに根源的な思考原理であることが見て取れるのである。しかも、その根源性にもかかわらず、あるいはその根源性のゆえに、それがいつも「消えて」いるということがわかる。非規準的選択を思い起こしてみよう。そこでは、個々のものが特異なものとして選ばれるが、その特異性はすぐに一般性のなかにとりこまれて消されてしまう。このことによって、非規準的選択が必須の出発点として行われたということすら消去され、忘却されてしまう。非規準的選択では、個々の特異なものを選ぶという仕方で個々のものをおろそかにしていないと同時に、その特異性が消されるという仕方で、個々のものへの固着も断ち切られている。しかし、こうした思考原理が働いているということは、個々のものの特異性が消されると同時に、忘却されてしまうのである。

このようなわけで、通常の場合、われわれの思考は、一方では個々の現われに固着したり、他方では個々の現われを無視したり（無視するということもまた一つの仮想的な「何か」への固着であるともいえようが）、という極端の間を揺れ動きながら進んでいる。これに対して、われわれがいま試みようとしている思考は、このような通常の思考のもつ特性を自覚した上で、その傾向性に反して、あくまでそこで見失われている現実に即し続けようとする。そのような思考は、**「個々のものに固着しないが、個々のものをおろそかにするわけでもない」**という立場を究極的に求め続けるのである。

思考が究極的に求めているもの

もう一度簡単にまとめよう。科学にとっての数学は、それなしには先に進むことができない必須のツールだが、それだけに固着して、「数式こそが現実だ」と言ってしまうとおかしなことになる。数式は一つの現われである。それを手がかり・機縁として、われわれは「自然変換」に至ろうとしている。「自然変換」こそが、われわれの捉えようとしているものである。数式はそのきっかけ、手がかりにすぎない。だからといって、それなしで「自然変換」に到達できるかといえば、それはできない。「自然変換」は、つねに多様な具体的な現われを通してのみ捉えられるのである。

このように、「自然変換」の議論を通して、個々のものにこだわるのでもなく、個々のものを捨て去るのでもない思考の可能性が開けてくる。言い換えれば、個々のものも、普遍的なものも、どちらもおろそかにしない思考がいかにして可能なのかが見えてきたということである。そしてこれこそが、あくまでも現実に即し続けようとする思考が究極的に求めているものではないか。

個々のものにこだわるのも、個々のものを捨てるのも誤りである。一方で、真理は個々のものと切り離されたどこかにあるわけではない。この意味では、真理は個々のもののなかにもある。だが、個々のものが真理であるというわけではない。真理は個々のものを解放しながら生かしていくような「変換」そのもののうちにあるのではないか。

ここでいう「変換」は、圏論という数学的思考のブレイクスルーを通じて、はじめて厳密に定式化することが可能になった「自然変換」の概念を手がかりにしてこそ見えてきたものである。この「変換」は、「現われの変化」という意味ではわれわれが素朴に経験しているものであり、われわれが自明に「知っている」ものですらあるのだが、あまりに基本的で根源的であるがゆえに、自分で使っていることにすら気づかないようなものである。それゆえ、この根源的な思考原理を自覚的に取り出したり厳密に定式化したりすることはできなかった。それを可能にしたのが圏論という現代数学の手法だったのである。

しかしこれは、すでにお気づきのように、単なる数学的な定式化の進展にとどまるものではない。ここでわれわれが到達したのは、きわめて自由度の高い思考原理であり、この思考原理を通して見るとき、数学や科学にとどまらない様々な事柄についての思考のなかに、思いもよらないつながりが見出されてくる。倫理、つまり人間の生き方といった事柄さえ、ここで述べた「数学的」思考原理と無関係ではない。これは何も、倫理を数学や科学のなかに解消していこうとするものではない。むしろ「数学的」思考そのものを、それが本来含んでいた倫理的ポテンシャルに向けて解放していくものでもある。これは、倫理的思考と数学的思考の一体性を目指していたプラトンの思考を再興しようとするものであるとも言えるかもしれないが、いわゆる西洋哲学の枠すらも超えて、ブッダやナーガールジュナが提示した仏教哲学の根幹にも通じていくものであるとわれわれは考えている。次章では、このような点にも触れつつ、本書で提起する思考のあり方について、少し踏み込んで考えてみたい。

第四章

置き換え可能性から自由へ

——現実論のポテンシャル

第三章の結語においても述べた通り、これまで三つの章を通してわれわれが言ってきたことの核心には、「個々のものに固着しないが、個々のものをおろそかにするわけでもない」という思考があると言ってよい。いいかえれば、個々のものも大事にするが、だからといってそれを実体視して、それにこだわってはならない、ということである。もちろん、個々のものを超えた何かを実体視することもできない。個々のものを離れて、その背後に何らかの実体が控えているというわけではないのである。すでに確認したように、物理においても、数学においても、個々のものなしには何一つ始まらない。かといって、個々のもので話が終わりになるわけでもない。このことを、第三章では「自然変換」として語った。つまり、真理は個々のものを解放しながら生かしていくような「変換」そのもののうちにあるのではないか、ということである。「自然変換」は、「個々のものをおろそかにしない」ということも、「個々のものにこだわったら成り立たない」ということも、両方含んでいる。その上で、そこに起こっていることをただ一つの事態として言い表そうとしている。

このことは、さしあたり物理と数学を手がかりに得られた洞察であるが、その射程はもっとはるかに広いのではないか。物理と数学、さらにはおよそ「認識」の場面を超えて、「倫理」とか「生」といった次元にまで当てはまるものではないかと思われる。別の言い方をすれば、物理や数学をつきつめるとき、われわれはそのような、もっとはるかに普遍的な次元にまで行き当たるのである。

そのことを示すために、これからいくつかの事柄に即して考察を展開してみたい。それがまさにこれまでの議論の延長線上に出てくるということ、いやむしろこれまでの議論と「同じこと」を言っているということを示すために、まずは第一章から第三章までの議論をおさらいしておこう。

これまでの歩み

第一章では、〈粒子的な側面を抜きにしては語ることすらできないが、それだけでは語ることができない「場（量子場）」とは何か〉という問いから出発し、元来数学において用いられてきた「不定元」というものが、われわれの「現実」そのもののあり方を照らし出していることを見た。現実は、「不定元」であるかぎり、問われる前にそれが何であるかを言うことはできない。しかし、それに対して問いを投げかけるなら、何らかの答えを返してくれる。ここにまさに、われわれは現実のもつ数学的なあり方を見たのであった。ここで注意を促したいのは、明示的には述べなかったが、この第一章で実は、すでに「問う」という主体的な行為が潜在的には問題になっていたということである。

第二章に関しても、同じことが言える。第二章では、第一章の議論を受けて、数学する活動そのものあり方に踏み込んだ。そこでは、「非規準的選択」が問題になった。これは、決して既存の法則のなかに吸収することのできない選択のはたらき、「いまここで選ぶ」という個体的で一回かぎりの出来事を表している。ここでもやはり、主体的に「選ぶ」この自由なはたらき、ある種の「行為」が問題になっていたのである。

第三章でも、この問題はもちろん前提になっていたのだが、「現われること」の一般理論、そして「自然変換」にまで一気に突き進むために、主体的に「問う」、そして「選ぶ」というはたらきは一旦背景に退けられていた。

第四章では、第三章を踏まえて、この問題にあらためて踏み込んでみたい。これによって、われわれが追究してきた「現実」の解釈は、より核心に近づくことになる。そして、この究明は、日常的かつ伝統的には「自己」と呼ばれている問題に、われわれの考え方からどのようにアプローチできるか、を示すものにもなるだろう。

1 再び置き換え可能性をめぐって

第二章では、数学とは何をすることなのかについて論じた。そこでの結論をもう一度想起しておこう。真理とは単に発見されるものなのか、それとも創り出される（創造される）ものなのかという問いに対して、どのように答えられるか。われわれの答えは、「どちらでもありどちらでもない」ということだった。真理は一方で勝手に創り出されるものではなく、厳然と変えられないものだが、それが「厳然と変えられない」ということ自体が、創造的な「非規準的選択」によって露わになる。「厳然と変えられない」ということは、ある種の「置き換え可能性」として理解できる。ピタゴラスの定理にしても、何らの前提なしに成り立っているわけではなく、「こういう前提を置くなら、こうなる」という点に成り立つ普遍性である。誰でも、その前提を共有するなら、その帰結も認めなければならない。前提を置くということ自体は非規準的選択なのだが、そこから証明できる事柄は、「いつの時代のどの人が証明しても同じ」という仕方で、置き換え可能な性格をもっている。

ここでいう「同じ」ということについては、第三章での議論にもとづけば、より正確な言い表し方が可能になる。「いつの時代のどの人が証明しても同じ」とはいうものの、その証明の仕方は決して一つではない。たとえばピタゴラスの定理の証明など、有名なものだけをとっても相当な数のものが知られている。さらにいえば、「この私」が自分で発見した証明は、職業的な数学者の立場から見ればすでに知られている証明と「本質的に同じ」であったとしても、「完全に同じ」ものでは決してありえない。そうした意味で、すべての証明は互いに異なっているとも言える。それにもかかわらず、ある種の「同じさ」をいうことができるというのは、可逆な「自然変換」によってつながる、ということにほかならない。

証明というものをあえて形式的に捉えるならば、それは記号列からあるルールに沿って別の記号列を生み出す＝「推論する」ことにほかならない。異なる記号が用いられているとき、それらの証明が「同じ」であると言えるのは、それらの記号を置き換えてから推論することと、推論してから記号を置き換えるという二つの異なるプロセスが、結果的に同じであるということである。すなわち、記号の置き換えが「自然同値」、すなわち可逆な「自然変換」となっている、ということである（図1）[1]。

記号の置き換えだけなら、あまりにも単純すぎる例に見えるであろうが、「言い換え」というのは要するにこうした可逆な自然変換にほかならない。むしろ、こうした可逆な自然変換を通じて、「同じさ」が成立するというべきである。すなわち、第二章において論じた「驚くべき置き換え可能性」とは、第三章で導入した圏論的な枠組みでいえば、「驚くべき自然変換」（正確にいえば「驚くべき可逆な自然変換」）にほかならないのである。

ここできわめて自明でありながら重要なことは、自然変換を、それによって繋げられる関手たちに一切よることなしに定義することはできない、ということである。すなわち、この「置き換え可能性」をそもそも定義しようとするとき、「関手」という「個」に一切よることなしにそれを言うことはできない。個というのは、まさに「置き換え不可能」である事であって、あえてパラドクシカルにいえば、「置き換え不可能」を通じてのみ「置き換え可能性」を論じることがで圏Cから圏Dへの任意の関手を対象とし、それらの関手の間の自然変換を射とする圏を“圏 C から圏 D への関手圏”と呼び、Fun(C, D) と書く。

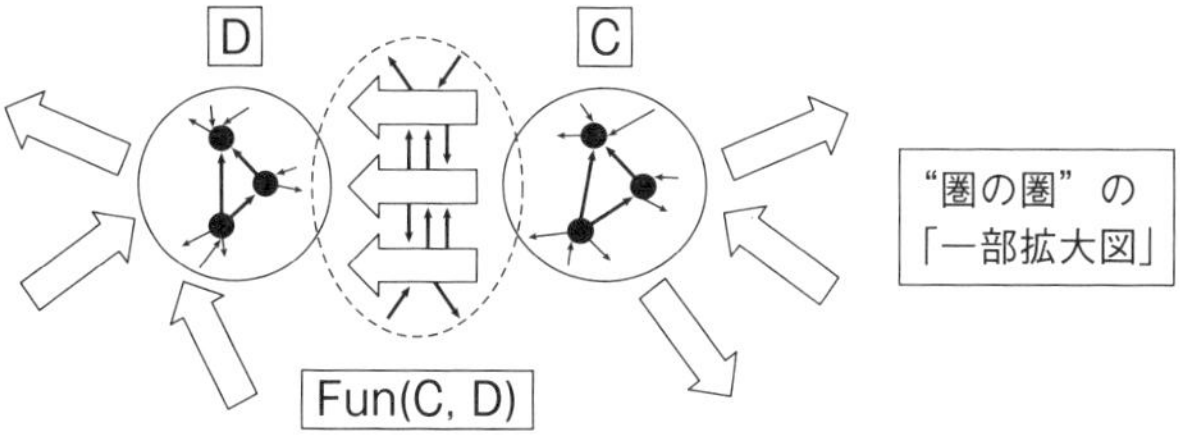

関手圏の同型射としての「可逆な自然変換」を“自然同値”と呼ぶ。関手圏の対象として同型な関手は“自然同値である”という。

図1　自然同値

きるのである。

　これこそが、実はわれわれが第一章から第三章にわたって直面し続けてきた事態であった。「誰もが」認める証明は、「他の誰でもない誰かが」行うのであり、それなしに「誰もが」と言うことすらできない。さらに厳密に言うならば、たとえ誰かが行った証明であったとしても、それを理解するというときは常に「他の誰でもないこの私」が行うのであるから、「誰もが」は決して「この私」によらずには言うことすらできないのである。「だがその「私」は誰でもいいではないか」と言う人がいるかもしれないが、「誰でもよかった」と言えるためには、まず誰かが言わなければならない。それが言われた後で、はじめて「誰でもよかった」という置き換え可能性が開かれるのである。

2 「私」――「自己」の問題

ここで出てきた「私」というものも、実はこれまでの議論のなかでつねに密かに問題になっていたものである。ここであらためて、この「私」というもののあり方に眼を向けてみよう。すると、「私」というものそのものが、これまで述べてきた「非規準的選択」と「置き換え可能性」の構造をもつことが見えてくる。ここでまず「私」というきわめて日常的な言葉の使い方を考えてみたい。

「私」という語の特異性

「私」という言葉は、特定の「個」を指し示す言葉である。誰かが「私」と言うとき、その言葉は、個としての他ならぬその人自身を指す。しかし他方、この「私」という言葉は、誰もが使うことができる。A、B、Cという三人が話しているとしよう。

A　「私はこの本が好きなんです。」
B　「私もです！」
C　「私はそうでもないかな……」

ここで、AもBもCも同じ「私」という言葉を使っているが、いずれも異なる個を指している。これは、形式的には、矛盾して見えてもおかしくない。たとえば、「私」という語をWという記号に置き換えてみよう。

A「Wはこの本が好きなんです。」
B「Wもです！」
C「Wはそうでもないかな……」

このように、途端に意味がわかりにくくなる。われわれは、「W」という同じ記号で、「同じもの」を想像してしまうからである。

形式的にはこれと同じなのに、「私」という語は、外形的にはまったく同じ語でありながら、そのつど個体性を表示している。あなたが「私」と言っても、私が「私」と言っても、われわれはそれが誰のことなのかを取り違えることはない。つまりこの「私」という語は、形は同じであるが、「誰が言うか」によってその内容が確定する語である（偶因的表現[2]）。誰かが言うまで、その内容（指示対象）は確定しない。しかしその意味は、誰もが「私」と言いうるかぎりで、置き換え可能である。つまりこの「私」という語は、「個であること」の無限の置き換え可能性を表現している。「私」という語が有意味になるためには、誰かによって言われる必要がある。しかし、言われた途端に、この「私」という語は無限に置き換え可能なものとして理解されている。誰でも「私」と言いうるが、その「私」ということの中身は、それぞれ個体的に異なっている。「個体的である」ということが、「普遍的に置き換え可能」なのである。ここでは、個と普遍は対立していない。むしろ不可分に一つである。一つの構造=出来事のなかで、個と普遍が同時に成立しているのである。

「個であることが普遍的な性格をもつ」というのは一見矛盾したことを言っているかのように見えるかもしれない。個というのは「置き換え不可能」ということであり、普遍的ということは「置き換え可能」ということであるとすれば、この「個であることが普遍的な性格をもつ」というのは矛盾しているのではないか、と。しかし、「置き換え不可能であるということが置き換え可能」というのは、ある意味では「自明」なことであるとさえいえる。実際、すでに議論したように、「私であるということは交換不可能だが、誰もがこうした意味での「私」である」と了解しているからこそ、われわれは「私」という語を混乱なく用いることができるのである。

ここで重要なのは、「私」という語の機能は、何かを「固定する」ことではない、という点である。「私」というとき、この語はある個体を固定的に指示するわけではない。むしろ、「私」といった途端に、われわれは「私」たちの無限に開かれた置き換え可能性のなかに自分自身を置く。いわば「私」とは「点」ではなく「矢印」であり、さらにいえば「自然変換」なのである。ある視点から見るということは、一つの関手の生成であり、視点の転換とは、関手から関手への変換、すなわち自然変換である。ここで「私」という語はそれが用いられるときには必ず絶えざる視点の転換と共に用いられている。「私」と言った途端に、無数の「他の私」が想定されており、「私」自身はこの置き換え可能性のなかで自分自身を理解している。「私」という言葉が表現しているのはこの置き換え可能性であると言ってもよいが、以前から強調しているように、置き換え可能性はそれだけで抽象的に存在することはできず、つねにある比類のない個体的なもの、置き換え不可能なものに即して開かれてくる。だから、「私」というのは関手から関手への変換、すなわち自然変換にほかならないのであるが、この自然変換は、つねにある個体的で具体的な関手の実現に即してしかありえないのである。

この自然変換のあり方をもう少し具体的に見てみよう。ごく素朴な観察から始めたい。少なくとも日本語では、多くの場合子供は最初から「私」や「僕」ということはない。固有名で自分を呼ぶことから始める場合が多い。固有名で自分を呼ぶことは、しばしば幼さを感じさせる。それはある種の自己中心性を感じさせるからだろう。逆に、「私」という言葉を使えば、「置き換えができます」という自己表示になる。「私」という言葉を使っているだけで、自らの社会性を暗黙のうちにアピールすることができる。「私」という語を使うだけで、置き換え可能性としての成員の平等性・対等性を含む社会性への参入を宣言しているといってよい。実際、このような社会性にまだ参入できないと見なされている子供に対しては、（少なくとも日本語では）大人も自分を「パパは」「ママは」などと三人称的に語ることがしばしばある。これはつまり、子供はまだ主体相互の対等な置き換えができないと見なしているからである。

いいかえれば、そうした主体相互の対等な置き換えができるということが、大人になることだと考えられている。子供を教育していく過程でいろいろなしつけがなされるが、その要になることとはまさに、置き換え可能性のなかに身を置くことができるように子供を導いていくことではないか。子供に対してしばしば「他の人にこんなことをしてはだめ」と叱ることがあるが、どうしてだめなのかを説明する際には、結局のところ「自分がされたらどう思う?」といった仕方で説いて聞かせることになるだろう。

だがこれは、自分がどう感じるかということ、とりわけ自分の快を基準にして行為の善し悪しを測るような態度につながることはないのだろうか。おそらくそうではない。「自分がされたらどう思う?」という問いかけの核心にあるのは、固定的に捉えられた個人ではなく、むしろ置き換え可能性そのものである。自分と他人を置き換えることができるという可能性に想像を及ぼすことが求められている。おそらくこれは、「倫理」の基礎にある原理の少なくとも一つではないだろうか。

置き換え可能性と倫理

すでに述べた置き換え可能性という観点から、倫理について考えてみたい。

たとえば、カント倫理学を考えてみよう。そこでつねに問題となるのは、普遍化の可能性ということである。カントが道徳を法則（道徳法則）に収斂させて捉えようとするのは、道徳が個別の事実的条件によって左右されることがないようにするために、普遍性を重視するからである。『道徳形而上学の基礎づけ』では、道徳法則が次のように定式化されている。「それが普遍的法則となることを同時に欲しうるような格率に従ってのみ行為せよ。」この道徳法則は、われわれが何をすべきかについて、内容的には何も指定していない。これが要求しているのは、ただ格率をできるかぎり普遍化可能なものにせよということのみである。しかし、個々人が出会う状況や置かれた条件はきわめて多様なので、そこで真に普遍化可能なものはほとんどない。普遍性を目指すなら、格率はきわめて抽象度の高いものにならざるをえない。

そこで求められている普遍性とは、多数の人を一律にがんじがらめに縛るような規則の一般性ではない。外から押しつけられる規則ではなく、自分で自分の行為を選ぶときに問題になる普遍性である。つまり「自由」と不可分の普遍性と言ってよい。そこでは、何かを固定化するより、無限に開かれた「置き換え」こそが問題になっている。行為の状況は様々であり、行為する主体も様々である。しかし、それらの間に成り立つ「置き換え」の可能性を見出したとき、われわれは求めていた普遍性を手に入れることになるのである。

たとえば、「他人を殺すべきでない」ということは、やはり一種の置き換えの普遍性に関係しているように思われる。といっても、その「普遍性」の捉え方に注意する必要がある。「他人を殺すべきでない」ということは、「もし他人を殺してもよいということになると、全面的な殺し合いになる」という理由から来るのであろうか。殺人の禁止という「社会規範」のレベルの理由づけとしては確かにその通りだが、それが「倫理的命令」を根拠づけているわけではない。社会規範の場合、社会全体や人類全体が思い浮かべられているわけだが、「今目の前にいる他人を殺してはいけない」という倫理的命令の根拠が、そういうタイプの「普遍性」から来ているわけではない。そこでわれわれは人類全体を思い浮かべて殺人の帰結を計算しているわけではないのである。

それでは、「殺すな」という倫理的命令は、純粋に個人的・個体的・個別的な状況や人格にのみ結びつけられているのであろうか。そういうわけでもない。「普遍的」と「個体的」とを対立的に捉えているかぎり、倫理的命令の性格を正確に捉えることはできないのである。ここでは、私と他人という主体の複数性が、個を寄せ集めた集合として捉えられているのではない。むしろ、私と他人の「置き換え可能性」こそが、ここで問題となっている「普遍性」を意味する。「置き換え可能性」のみが宙に浮いているわけではない。「まさにこの私」がいて、はじめて他人との置き換え可能性が問題になるし、「目の前の他人」も、まさにこの置き換え可能性ゆえに「殺してはならない他人」として出会われているのである。

この意味では、他人を殺すことは、自分を殺すことに等しい。他人の胸にナイフを突き立てるとき、私は自分の胸にナイフを突き立てているようなものである。そういう「置き換え可能性」において、私は他人と出会ってしまっている。

このように言うと、「他人を殺してはならない」ということは、結局、「自分が殺されたくないから他人も殺さない」ということなのか、と思われるかもしれない。これに対しては、きわめて慎重に考えていく必要がある。「自分が殺されたくないから他人も殺さない」という考えは、「自分」というものを大事にするがゆえに、自分の生命を保全する必要があり、それゆえ他人から殺されるリスクを減少させるために、他人を殺さない、という意味にも読める。だがこれは、「置き換え可能性」とは正反対の考えである。自分という個人を固定的に捉え、その固定的な対象を保存していこうとするような考え方である。これに対し、先ほどの命題、すなわち「自分が殺されたくないから他人も殺さない」という命題をまったく別の仕方で解釈することができる。すなわち、自分と他人の「置き換え可能性」を表現したものとして、この命題を解釈するのである。先の（自己保存的な）解釈では、自分の視点を一度も離れていない。これに対し、「自分が殺されたくない」ということを、まさに「置き換え可能性」において捉えるのである。

自分を他人の「置き換え」として捉えるなら、「置き換え」を通じて他人でもあるような自分、いいかえれば他人は、決して殺されたくはないということになるだろう。公平な第三者の視点から、いわば「上から」眺めて殺人の可否を判定するのではなく、「自分が殺されたくない」という思いを個体的・事実的に生き抜いているということが、まさに「置き換え」を通じて普遍的な倫理的命令につながっている（コラム）。「殺されたくない」という思いをまったくもたない第三者（たとえば単なる機械？）にとってはこの「置き換え可能性」は成り立たない。それゆえ、ここでいう「置き換え可能性」が成り立つには、「私は殺されたくない」という個人的な事実が不可欠なのである。しかし、それが私という個人を固定するような仕方で捉えられているのではなく、目の前の他人と、そして考えられうるすべての他人と置き換え可能な仕方で捉えられている。個体的なあり方と、置き換えの普遍性とは表裏一体である。

これはまさに、第二章で論じた「非規準的選択」と同じ構造＝出来事を言い表している。個体を置く、ということがまさに置き換えの普遍性を可能にし、置き換えにおいてまさに個体の性格が照らし出されてくる。

コラム

最も古い経典の一つといわれる『サンユッタ・ニカーヤ』に「マッリカー」と呼ばれる一節がある。(3)

マッリカーとは、ブッダ在世当時最も権勢を誇ったコーサラ国の王パセーナディの王妃であり、ブッダの教えをよく理解していた女性であるとされる。あるとき、パセーナディ王はマッリカーにこう聞いた。

「そなた、マッリカーよ、いったい誰かほかのもので、自己（アッタン）よりももっと愛しいものがいるだろうか。」

常識的には、「王様です」などと答えそうな局面であるが、マッリカーは次のように返答した。

「王様、わたくしには自己よりほかに愛しいものは誰もおりません。それでは、王様、あなたさまは自己より愛しいものが誰かほかにありますでしょうか。」

これに対して、パセーナディ王もこう返答せざるを得なかった。

「マッリカーよ、わたしにとっても自己より愛しいものは誰もほかにはおらぬ。」

しかし、おそらくどこか釈然としないものを感じたのであろう、パセーナディ王はこのエピソードをブッダに語った。それに対し、ブッダは「この意味するところを知って、そのときこの偈《げ》を語った」。「この偈」というのは次の簡潔な詩句であり、これによってこの一節は閉じられる。

心があらゆる方角にさまよい行くとも
自己より愛しいものにたどりつくことは決してない
同じように他の人々にとっても自己は非常に愛しい
それだから自己を愛しく求める者は他を害してはならない

われわれはここに、本文において論じてきた問題がきわめて正確に表現されていることを目の当たりにするのである。もし王が釈然としない思いを抱いたのだとしたら、それはなぜだろうか。そして、ブッダの偈のポイントは何だろうか。

普通、「自己を愛する」ということに立脚するなら、エゴイズムが帰結するように考えてしまう。そして、エゴイズムとエゴイズムがぶつかりあって、争いが生じるから、自分への愛を抑えて、他人を大事にせよ、と諭すのがよくある道徳的な教説である。われわれは道徳について考えるときにこのパターンにはまってしまうことが多い。だが、ここでは本当に主体としての「自己」そのものが扱われているのだろうか？　むしろ、自己と他者（他の自己）は、第三者的視点から、いわば上空から見下ろすかのように見てとられ、あたかも盤上の複数のコマであるかのように考えられているのではないか。盤上で一つのコマが進めば、その進路上にある他のコマは跳ね飛ばされる。それぞれのコマが、全体のバランスを考えずに動けば、次々に衝突が起こる。ここでの考え方は、神のような視点から、全体を調整しようとする「合理的な」視点であり、この種の「合理性」に従うなら、個々の主体（ないし自己）が全体のバランスのために犠牲にされることは容易に肯定される。ここで最も重要視されているのは、全体的な合理的バランスである。

しかし「倫理」や「道徳」とは、本当に全体的バランスの問題なのであろうか。（レヴィナスがこだわったのもこの点だと思われる。）全体的なバランスや調整が重要でないというのではない。しかし、それは明らかに主体・自己の視点をとった思考ではない。自己の視点に立つとすれば、どうなるか。ブッダが言うように、「自己より愛しいものにたどりつくことは決してない」。だが、この「自己」そのものが、根本的に「置き換え可能性」の構造によって成り立っているとしたらどうであろうか。「自己の愛しさ」は、それが「自己」にかかわるものであるかぎり、原理的な「置き換え可能性」の構造によって、ただちに「他の自己の愛しさ」と重ね合わされる。「自己」そのものがいわば回転扉のような成り立ちをしていて、「自己の愛しさ」はただちに「他の自己の愛しさ」へと反転する。そこでは、(いわば回転扉を通して)「私はあなたである」「あなたは私である」と言うことができると同時に、なおも私と他者が他の自己であると言うことができる(単に融合するのではない)。このことを可能にするのが、「置き換え可能性」の構造である。

この視点に立つなら、他人を害することなどできない。他人に殴りかかろうとした拳は、回転扉を通して自分に命中する。このことを、自己と他者との「同一性・一体性」や、「大いなる自己」への還帰として語ろうとする思想家や宗教家も多くいたと思われるが、もしそのような、「私でも他者でもない大きな自己」のようなものを考えてしまうなら、われわれはまたもや自己の視点を離れ、第三者的な上空飛行的視点に立つことになってしまう。先ほどの偈でブッダが強調したかったのは、どこまでも自己の視点に立つことによってこそ、はじめて他の自己を尊重することもできる、ということではないか。それは、自己から他者を「類推する」というような、離れたものの間の関係づけではない。それよりもはるかに直接的な、「重ね合わせ」ないし「置き換え・反転可能性」によって、「いまここ」にあるローカルな個体的自己そのものが、ただそれだけで他の自己に対する「倫理」を具現していることになるのである。「自己の視点」といっても、もちろん実体的な自己があるということを

> 前提しているわけではない。ここでは、「自己の視点」に立つことは、ただちに「置き換え可能性」を通じて「他の自己の視点」へと反転してしまう。他の自己と区別された実体的自己のようなものと自己を同一視することを原理的に不可能にするのが、われわれのいう「自己」の構造なのである。

倫理をめぐって「置き換え」ということを言うと、「置き換え不可能な個人、あるいは人格をおろそかにするのか?」という疑念や懸念があるかもしれない。たとえば「労働者が置き換え可能な歯車として扱われる」といった文脈では、「置き換え」ということがしばしばネガティヴに語られるからである。

しかし、ここで言う「置き換え」は、多数の項（将棋のコマや碁石のようなもの）を上空から眺めて、それらを互いに入れ替えるようなことではない。むしろ倫理において、私と他人を上空から眺める視点はない。完全に第三者的な、神のような視点が確保されるなら、そこで行われるのはもはや倫理的決断ではなく、計算・衡量による判断である。いまここでどうすべきかの決断を迫られるとき、倫理の問題が浮かび上がってくる。そこでは、ある意味では、置き換えのきかない仕方で私の自由な決断が要請されている。しかしその置き換えのきかなさは、恣意的な決定を意味しているのではない。私の自由な決断が要請されているからといって、私がなんでも勝手に決めてよいということではない。私はまさに、ある普遍的な「置き換え可能性」のなかへと自らを投げ入れるのである。そこでは、自由で個性的な決定そのものが、ある普遍的な置き換え可能性の創造でもある。「置き換え可能性」とは、この意味で「置き換え不可能性」、かけがえのなさそのものの「置き換え可能性」を意味しているのである。

これはまさに、「私」という語についてわれわれが述べた構造とまったく同じである。「私の視点からしか一切を見ることはできない」という置き換え不可能性（個体性）そのものが置き換え可能であるということを理解することが、「私」という語を使えるようになるということであった。ここから、「私である」ということと「倫理」との本質的なつながりを読みとることもできるだろう。レヴィナスが言うように、「私である」ということは「他人の身代わりである」ということである。[4]「身代わり」とは substitution のことであり、これは「置き換え」とも解釈できる。「私である」ということは、かけがえがないのであるが、このかけがえのないあり方そのものが、「他人のための身代わり」として置かれているのである。みずからが置き換え不可能であるということそれ自体の置き換え可能性を理解したとき、われわれは自己の存在の根本的な倫理性に気づくはずである。[5]

私は実体ではない――実体論からの脱却

ここまでの「私」についての議論が、第二章における非規準的選択や置き換え可能性の議論を通して、第一章における「場」についての議論をもう一度展開しているような側面をもつことに気づいた読者もおられるだろう。第一章は、実体と考えるかぎり場というものを捉えそこなうということを論じた。本章でも、「私」というものを実体として考えるかぎり、その本性を捉えそこなうということが示唆されている。なぜなら、実体とは「それ自身によってあるもの」と考えられているからである。「私」というものがそれだけで根本的にある、という考え方から脱却しようとする考え方が、すでにこれまでの考察から示唆されているのである。この点をもう少し考えてみよう。

第一章では、粒子を実体と捉えても、場を実体と捉えてもおかしなことになる、と論じた。「私」についてすでに展開した議論も似たところがある。

（1）「私」というものを、「この」私、他のどの個体とも異なる一つの個体に限定・固定してしまうと、「私」という語は使用不能、あるいは不必要なものになる。その個体だけを指す記号を使えばよいからである。これに対し、「私」という語は本質的に他の「私」たちも自分を指す言葉として使うことができる。「私」という言葉はどの個体にも使用可能なのであり、この点を除いたら、「私」という語は（「私」という概念も）ポイントを失うだろう。

（2）他方、これに対し、「私」という語はどの個体にも使えるのだから、すべての個体に当てはまる普遍的概念（各個体を外延とする普遍的概念）であると考えるとしたら、これもまた不適切である。「私」というとき、われわれはそのような「普遍」を意味しているのではないということは明らかだからである。「私」という「普遍的実体」があり、それを「私」と言い表しているのではない。「私」という言葉で言われるのは、あくまで「個」なのである。[6]

このように、「私」という言葉で言い表されているものは、「個体的実体」としてあるわけでもなく、「普遍的実体」としてあるわけでもない。むしろ、そのように「実体」的なものとして取り押さえようとすると、見えなくなってしまうものである。「実体」的な考え方にとらわれていると、「私」というものの本質をつかむことができなくなってしまうのである。これまで展開してきた考え方に従うなら、「私」というものは「置き換え」や「変換」のなかにある。個体性をも普遍性をも絶対化せずに、「置き換え」という出来事のうちで、その両者が不可分に絡み合っているさまを見てとったとき、「私」というものの本質がつかめる。そして、それは実は特別なことではなく、「私」という言葉が使える人は誰もが自然に行っていることなのである。

実体論からの脱却は、第一章では「不定元」という考えに行き着き、第三章では「自然変換」という考えに行き着いた。本章ですでに述べた「自然変換としての私」という考え方も、実体論からの脱却を意味している。われわれは、「私」という言葉が自然に使われている場面を離れて、「私」について反省的（場合によっては思弁的）思考を繰り広げ始めると、しばしば「私」を実体化して捉えてしまう。それは、「私」という言葉が本質的につかみ実現しているものから逸脱することを意味する。これを再び「私」の本質的あり方へと戻していくことが必要である。それは、われわれの言葉で言えば、「自然変換へ戻る」ということになるだろう。

不定自然変換としての「私」

さてそれでは、「私」とは自然変換なのだということになると、今度は何か変換の構造のようなものがあらかじめできあがっていて、それが個別の私に適用されるかのように見えるかもしれない。だが、われわれの言う自然変換とは、すでにできあがったもの、与えられた仕組みを言い表そうとするものではない。ここで、第一章で論じた不定元、第二章で論じた非規準的選択、第三章で論じた自然変換が、すべてただ一つの事柄を述べていたのだということをあらためて強調する必要がある。

自然変換とは、数学の用語としては、すでにできあがった項と項との間に成り立つ関係を言い表している。しかし、ここでわれわれが「自然変換」という語をもっと一般化しつつ述べようとしていることは、すでにできあがった項と項の間に成り立つ、すでにできあがった関係ではない。非規準的選択を想起してほしい。そこでは、何か特定の個別的なものを選ぶ必要があるが、その個別的なものは「それでなくてもよい」という仕方で、最初から変換のなかに置かれていた。ここでは、一方で、特定のものを選ぶときに、選び方が決まっているわけではない。その意味で、ここにはある種の不定性がある。他方、それが「それでなくてもよい」という仕方で変換のなかに置かれているということも、すでに決まった特定の変換関係に縛られているということではない。むしろそれは、どのような変換にも開かれている。選ばれた個別的なものは、無数の変換の重ね合わせのなかに置かれているといってもよい。ここにもある種の不定性がある。つまり、われわれが「自然変換」という言葉で言おうとしていることは、決まった項の間の決まった関係ではなく、絶えずそのつどの現場で生まれ出つつあるような「不定の変換」、あえていえば「不定自然変換」とでも言うべきものなのである。(7)

といっても、この「不定自然変換」をまたしても実体化して、そのようなものが「まずある」と考えてもいけない。「不定の無」がまずあって、そこから一切が形をとって現われてくる、というような、流出説的な発想をここに持ち込まないようによく注意する必要がある。それは、第一章で論じた「場の実体論」と似たものに落ち込む。第一章で詳述したように、この考えに陥ってしまうと、われわれが述べようとしていた「リアルな」事象から一瞬にして離れてしまうのである。

そうではなくて、そのつど「ある」のは個々のものなのである。しかし、個々のものが「ある」ということが、まさしく「不定自然変換」が「ある」ということなのである。つまりここでは、個々のものの多元論でもなく、不定の無の一元論でもなく、法則的全体の一元論でもないような現実の見方が求められている。個体の多が「ある」ということが、ただちにそれらが変換関係のなかに置かれているということを意味し、しかもその変換関係はいかなる固定性にも縛られないのである。

本章では、「私」というものをそのような仕方で捉えようとしてきた。「私」とはわれわれにとってきわめて身近なものだが、それを慎重に過不足なく描き出そうとしていくと、ここで述べたような考え方が説得力のあるものになってくるように思われる。多数の個体としての私が最初から成り立っているのでもなく、何らかの実体的な「不定の私」から個々の私が生まれてくるのでもなく、個々の私が単なる一例としてはめ込まれる普遍的な構造（既存の枠のようなもの）が私であるというわけでもない。むしろ「私」とは、「個々の私」がそのつど「不定自然変換」のなかにあるということ、あるいはこの不定の変換を可視化するためにこそ「個」としての存在が要請されるような事態を指しているのではないか。

「何もない」わけではない（誤って捉えられた無我論[8]ではない）。個としての「私」がある。しかしこの「私がある」ということが、ただちに不定の変換のうちにあるということを意味する。個としての私は、不定の変換を浮かび上がらせるためにあり、不定の変換は、個としての私なしには何ものでもない。他方、不定の変換なしには、個としての私も何ものでもない。それは「私」になることはできない。「個であるということ」と「変換」とは相互媒介的にあるといってもよいが、二つの項が先にあってそれらが互いに関係し合うということではなく、この相互媒介関係こそが、「個である」ということと、それが固定されえないということとの本質なのである。それこそが「リアル」なものであるといってもよい。一方的に個であったり普遍であったりするわけではないが、「個」や「普遍」という捉え方を同時に可能にするような、分散的かつ関係的な「動き」そのものが「リアル」なものである、と言ってもよいかもしれない。「個であること」をまさにそれとして成り立たせているのが、普遍的な変換であり、その普遍的な変換が変換として成り立つためには、何らかの「個」的事例が必要になる。この意味では、「個であること」は、それなしには「リアルなもの」がありえない決定的な核心であるが、同時にそれは、「それでなくてもよかった」という仕方で、固定化を逃れる仕方においてある。こうした両すくみ的な媒介関係こそが、「私である」ということを形づくっている「現実」なのである。

3 確かさ

前節では、何らかの実体として「私」を考えるかぎり、「私」という現実を捉えることは決してできないということを論じた。

しかしここで、さらにもう一歩踏み込んで考えてみよう。そもそもわれわれが以上の議論を展開してきたのは、「私」をともすれば実体として考えてしまう、という現実があるからである。人間の経験は絶えず実体論的仮象に陥る。それは避けがたいことであり、人間経験の本性であるとさえ言ってよい。こうした実体化の避けがたさを前提状況として深く受け止めることから出発しなければ、われわれの議論は、またしても上滑りの実体化に陥るほかない。

どうすればこの避けがたい実体化に取り込まれずに生きられるだろうか。実体論vs.非実体論といった二項対立に陥ってしまっては、この状況から脱け出すことはできない。そのような仕方で、実体論を超えたところに、実体では「ない」、実体とは異なる何かが「ある」かのように見なしてしまうなら、そこではまたしても、「非実体的なもの」と呼ばれるような何かを、固定して実体化していることになる。したがってここでは、実体論vs.非実体論という二項対立に陥らずに、実体的なものに意識が向いてしまうことを避けがたいこととして経験しながら、同時に実体論に取り込まれない工夫が必要になる。実体化する心のはたらきに身を任せながら、それが信じさせようとするものを真に受けない、そのなかに没入しないようなあり方が必要になるのである。

「確かさ」への希求と「同じもの」

それを考えるために、「確かさ」について考えてみることにしよう。なぜ「確かさ」がここで問題になるのか。それは、われわれが実体的なものを求めるのは、何らかの「確かさ」がほしいからではないか、と考えられるからである。単に空想的なものや、単に心のなかで見出された関係などは、あやふやに思える。もっとしっかりした、「確かな」ものがほしい。そう考えるとき、「実体的なもの」への希求が始まる。そのステップをもう少し詳しく考えてみよう。

「確かなものがほしい」というのは、絶えず変動し続ける状況が、生きづらいと思われるからである。根本的に生物として、あまりに不規則に変動し続ける環境は生存にとっては不利である。そうすると、この生きづらさから脱け出すためには、環境の変動にそのまま翻弄されるのではなく、環境の変動を相殺し、それをある程度無効化するような仕組み（いわばある種のバッファーとなるもの）を、環境と自分との間に作り出していかなければならない。その一つの根本的なストラテジーが、変化するもの、異なるものを「同じ」と見なすということである。環境は変動しているが、生き物にとって、その変動は「ない」と見なされる。変動するものは「同じ」と見なされるのである。

一方で、時間的に変化するものは、時点による差異を含むが、この差異がいわば無視される。他方、ある地点Aに現われたものと、別の地点Bに現われたものとは、決してまったく同じ現われをもってはいないはずだが、その差異が無視され、そこに何らかの「同じさ」が見てとられる。ここでは、どこまでも差異と変動が前提され、それとの相関で「同じさ」が拠りどころとされている。「多様なものを通して同じものをつかむ」ということについては、第一章でも第二章でも論じてきたが、その源泉は、変動する世界で生き抜こうとする生命の根本的な動きにあると言ってよい。

だが、この同じ動きが、まさしく実体化を生み出す源泉ともなっている点に注意しなければならない。実体化とは、この動きからのきわめて微妙であるが決定的な転換を意味している。時間的な差異が無化されるということから、「同じもの」が時間を貫いていると見なされ、「同じもの」が異なった仕方で現われている、と見なされる。空間的な差異が無化されることから、「同じもの」がA地点からB地点に移動したと見なされる。いまや、基本的なのは変動する現象や環境ではなく、「同じもの」であると見なされる。基体としての「同じもの」が変動の基礎にあり、それを中心として、様々な変化や差異が秩序づけられる。これによって、様々な変化や差異は

「同じもの」を中心とした秩序のなかにその契機として組み込まれ、われわれを翻弄するものではなくなる。このように、「同じもの」をつかむということは、われわれの経験を安定させ、安心感＝確かさ（security）を与えてくれるのである。

日常生活のなかでこうした「同じもの」を求めるという動きは、至るところに見られ、われわれの生を支えてくれているものである。だが、そこに現われる「同じもの」は、実にフレキシブルな仕方で捉えられている。

たとえば、蜃気楼のように、何かがあると思ったが実はなかった、というケースは日常生活でしばしばある。実在すると思っていた人物や会社が、実は実在しない架空のものであった、といったケースもある。このような場合、われわれはある時点まで、「同じもの」を中心にして様々な現象を秩序づけて捉えていたのだが、ある時点で、その「同じもの」が実は存在しなかったということが判明する。しかし、それが判明したとき、われわれは何も信じられなくなるほど激しく驚いたりはしない。前代未聞の驚天動地の出来事とは思わない。「あると思ったが、実はなかったのか」とあっさりその事態を理解できる。

このことが示しているのは、われわれがもともと、「ある」と思っていた「同じもの」を、永遠不変の絶対的な何かとは見なしていなかったということである。われわれが「ある」と思っている「同じもの」は、「実はない」ということを許容するような仕方で捉えられている。「実はない」ということは、「同じものをつかむ」というわれわれの認識の構造そのものを破壊するようなケースではなく、そのなかで十分想定可能な一ケースにすぎないのである。

実体化と生の矛盾

このようなものとして「同じもの」が捉えられているかぎり、それは日常生活のなかで十分役に立つし、むしろそれなしにわれわれの経験や生が円滑に進まないような、根本的な役割を果たしている。これに対し、「何があっても不変のものとして存在している実体」といった考え方は、もうこのような日常生活のなかで生かされているような「同じもの」とは似て非なるものである。そこでは、一つの決定的なステップが踏み越えられているのである。なぜなら、そのような考え方は、日常のなかで「同じもの」を経験する際には特に必要ではないし、それどころか妨げにすらなるからである（何かが「実はなかった」といったケースを理解することができなくなる）。

それにもかかわらず、われわれはしばしばこの決定的な一線を踏み越えてしまう。不変の実体的なものがあると思いたくなる。それはなぜだろうか。

それはおそらく、われわれの不安から来ることなのではないか。

個々の「同じもの」については、「実はなかった」ということを認めることに多くの人はさほど抵抗を感じない。しかし、「どの同じものに関しても、原理的には同じことが言われうる」、つまり「いかなる同じものも、絶対不変の実体ではない、つまり、〈実はない〉ということがありうる」と言われると、漠然とした不安や、自分の生きている現実があやふやなものになるような感覚を覚える人は多いのではないか。この不安から手っ取り早く逃れる手段が、端的に「実体」を想定することなのである。それがただちに非難されるべきことだというのではないが、そのような手近な解決策にこだわり、現実から眼を背けるようなことにつながる場合には、それは必ずしも生を助けるものだとは言えなくなる。何かがあるように見えても、「実はない」ということが示唆されても、「実体なのだから、ないはずはない」とその同一者にこだわり続けるなら、それはわれわれが現実を生きることを助けてくれるものではなく、むしろ生を妨げるものになりうる。自分の生のよすがとなるものを、手近な同一者（同一であるように見えるもの）と結びつけてしまうと、その同一性が解消されたときに、生は安定性を失ってしまう。それを避けようとして、ますますその同一性に固執する、といったことが起こりうる。そこでは、仮想的な同一性に固着するがゆえに、変動に満ちた生や具体的で個別的な諸問題に対処することから眼を逸らしてしまうことさえ起こりうる。（金や地位や美貌など、その例には事欠かないだろう。）

だが「同じもの」にこだわっているときには、われわれはこのことに気づかない。「同じもの」を確保することによって生の不安から逃れようとするが、そのことがかえって生をより不安な状態に追い込んでしまう。なぜなら、そのような実体としての「同じもの」は決して（原理的に）手に入れることができないものだからである。したがって「同じもの」を絶対的に確保しようとするわれわれの動きは結局はつねに裏切られる。このことは、われわれの生の根本的な構造に含まれている事態である。

フッサールは、「外的知覚とは決して手に入れられないものを手に入れようとする無謀な試みである」という趣旨のことを言っている。(9) 物を知覚するという日常的な経験の営みさえ、「つかめないものをつかもうとする」活動であるということを、まずは冷徹に見つめる必要がある。知覚経験においては、そのことはそれなりに有効な働きを示している。日常の知覚経験においては、「絶対的な物自体」を捉えようとしたりはしないからである。しかし、「つかめないものをつかもうとする」活動がわれわれの生のなかで拡大し、この動きのなかにわれわれの生全体を巻き込まれていくとき、われわれの生はつかめないものをつかもうとして挫折するという際限のない絶望に陥りうる。このような自らの姿に気づかないかぎり、この絶望は続く。

「変換」へ軸足を移す

確かさを得ようとして「同じもの」を求めるのだが、それを絶対的なものとして求めてしまうと、求めていた確かさは逆に失われてしまう。そもそも「同じもの」は、「実はなかった」としてもさして困らないようなものとして日常生活のなかでは機能していた。つまり、「同じもの」を捉えようとするということが実質上われわれの生のなかでつねに行われているとしても、そのような「同じもの」の追求は、いつでも「当てはずれ」に開かれている。「実は同じでなかった」という可能性につねに開かれているのである。このことが経験の構造に本質的に組み込まれている。それなのに、そのような「当てはずれ」の可能性を全面的に排除しようとしていくのは、経験に対して経験でないものになれと言っているのに等しい。そもそも矛盾した要求なのである。

このことは、確かさを単純に手放すということではない。経験が当てはずれに開かれているということ自体が、われわれの生が立脚している明らかさなのである。そこにこそ真の「確かさ」も根づいている。変動する世界のなかでは、そのようなシステムの方が強い。「ああ、違ったのか」と気づいて柔軟に自分のあり方を変えられるシステムの方が、着実に、不断に現実を生き抜いていくことが可能なはずである。

同一的なものを実体として固持しようとするなら、その試みは遅かれ早かれ挫折する。そのとき、生は大きく混乱し動揺するはずである。それよりは、最初に追求していた同一的なものをあっさりと放棄して、そこで与えられたものを新たな仕方でまとめあげていく方が、よほど安定した生を実現できる。それは、毎度毎度一切を捨てては新たに構築するということではない。すでに第三章で述べたように、「同じさ」とは、多様な現われの間に立ち現われてくるプロセスの可逆性にほかならなかった。だから、新たな現象が現われるとき、それはこれまで見られていた可逆性を壊すものであるとしても、むしろそれが要素となって新たな可逆的関係が見てとられうる。古い同じさに固着することは、このような構造の新たな組み替えに対応できないということになる。新たな現象とともに新たな可逆的構造が現実のなかに現われてきたとき、それに対して絶えず身を開いていくということこそ、ある意味でより「確かな」生き方を可能にすると言いうる。（そして、その延長上には、第一章で論じた「法則」のようなものも見出されてくる。理論的営みの淵源もここにある。）

そこでは「同じもの」もそれなりに役割を果たしているが、それは単に現実の構造の不断の変換プロセスを媒介する一契機であるにすぎない。次々に構造が変換されていく際に、暫定的な足がかりとして現われる止まり木にすぎない。「同じさ」すらも刻々と変様していく。しかし、それらの同じさの間には、一定の変換関係が見られる。この変換関係は、同じさの間に見られる一段高次の同じさであるとも言えるが、一つの同じさに固着するよりは、より「自由な」同じさである。だが、ここではもう「同じさ」という言葉にこだわるより、「変換」そのものに着目していった方がよい。「同じもの」から「変換プロセス」の方へと軸足を移していく方が、現実に起こっていることをより正確に反映した捉え方になる。すでに第三章で述べてきたように、「変換」の方から「同じさ」を見ることもできる。「同じさ」を実体的に固定する立場からは、「変換」という見方は出てこないのに対して、「変換」という立場からは、「同じさ」を導き出し、「同じさ」について語ることもできる。しかも「同じさ」を、もっと広いコンテクストのなかに位置づけて理解することができる。第一章ですでに論じたように、「場」の概念について論じる際にも、観測者から独立であるような「物」から、「観測者をも考慮に入れた変換規則の恒常性」の方に軸足を移していくという転換が起こっているが、それとまさに同じ論理構造である。

4　自由――幾何学の冒険

ここまでの議論では、「確かさ」を得ようとして「同じもの」を絶対的なものとして求めてしまうと、求めていた確かさは逆に失われてしまう、ということを論じた。そして、もし確かさを求めるならば、「同じもの」から「変換」のほうに軸足を移さねばならない、ということが見えてきた。だがここで、われわれが求めていたものは本当に「確かさ」なのか、と問うことができる。「変換」へと軸足を移すということで、より高次の確かさが手に入り、ここで話が終わりになるということでよいのだろうか。

確かに、「変換」に軸足を移すことにより、われわれはもともと考えていたレベルでの「同じさ」を脅かすような変動に動じることはなくなる。変化する現実に動じることがなくなるということは、いわば「予測誤差」（いわば予測と違っているときの驚き）が小さくなるということである。このことは、次に起こることを予測して、それに備えつつ行為することで、思った通りの結果を導くということを可能にする。したがって、主体の側からすれば現実に対するコントロールの増大と考えることができる。これは実際に、変換に注目することによる大いなる効用である。しかし、それを動揺するものごとに対する「より広いコントロールを得た」ということとして、そのこと自体に価値を置いてしまうと、それはまた固定したものへの愛着にとどまる。そして「変換」をまたもや「絶対的」なものと捉えたならば、ただ問題を違うレベルに先送りしただけのこととなるのは明らかである。

要するにここで問いたいのは次のようなことである。「変換」に軸足を移したときに、われわれが得たものは、単なるより高次の「確かさ」であり「コントロール可能性」なのだろうか？そこでわれわれが得たのは、むしろ「固定したものに固着しない」ということ、そこから「解放される」ということ、「自由になる」ということなのではないだろうか？

しかし、このことに気づくのはきわめて難しい。「変換」をマスターしたときに、われわれはある種の「解放」と「自由」を経験している。しかし、われわれはいわば単に自由を享受しているだけで、そこで得られたものが自由であるという自覚をもつことはほとんどない。むしろどちらかといえば、コントロール能力の増大に満足してしまうことの方が多いのである。だが、そうであるかぎり、われわれは絶えず「同じさ」や「固定したもの」へと逆戻りしていってしまう。

束縛を振り捨ててゆく幾何学

このような問題について考える上で、きわめて偉大で示唆的な例が、数学の一分野としての幾何学の歴史のなかに見出される。いわゆるクラインの「エアランゲン・プログラム」からヒルベルトの『幾何学の基礎』を経て、現代の様々な幾何学や「トポロジー」、さらにはすでに述べた圏論による数学の組織化につらなる歴史がそれである。この歴史は、単に数学がその能力を拡大したということではなく、思考の自己解放と自由そのものがきわめて自覚的に推進されてきた稀有な歴史なのである。

「幾何学」といえば、通常「図形についての学」だと考えられている。それはもちろん、間違いではない。それは通常、「二等辺三角形の二つの底角は等しい」といったように、点や線、さらにはそれらが作り出す図形についての言明であるからである。ところで、この有名な「二等辺三角形の二つの底角は等しい」という定理の、ユークリッドによる証明は、きわめて技巧的で、理解しづらいことで知られている。これは中世の大学において「ロバの橋」などと呼ばれ、この証明が理解できないものは「ロバ並み」と侮蔑されたそうである。

しかし一方で、この定理は次のように考えると、ほぼ「明らか」のようにも思われる。すなわち、二等辺三角形というからには、左右対称であろう。左右対称というのは、ある線に関して「ひっくり返す」という変換をほどこしても「変わらない」、つまり、図形として合同である、ということをいう。簡単に言えば、「ひっくり返してももとの図形と重なる」ということだ。そうであるならば、二つの底角はひっくり返すと移りあうのだから、それは当然等しいに違いないのである。

もちろん、上記のような説明はそのままでは厳密性に欠けるが、その発想をベースにすればユークリッドの証明とは異なる証明が得られることが知られている。ユークリッド自身それに気が付いていたとしても不思議ではない。しかし、おそらく、「変換」すなわち「動き」というものへの不信感――それは「運動」に関する「ゼノンのパラドクス」のようなものを意識していたということかもしれないが――から、そのような方向性を避けたのであろう。このように、ユークリッドの時代の幾何学は、きわめて「静的」なものであったし、その後十九世紀にいたるまで、基本的にはその通りであった。多くの読者にとっての幾何学のイメージもまた、数学全般に関してそうであるように、「静的」なイメージであろう。

ところが、現代において幾何学は、まさに「変換」を考えることと「同義」であるといっても差し支えない。いったいどのような種類の変換を考えるのか、ということが、一つの幾何学を「定義」する、とさえ考えるのである。このような考えの淵源が、クラインの「エアランゲン・プログラム」である。

クラインの考えは次の通りである。幾何学は、もちろん、単に個々ばらばらの図形について考える学問ではない。それは図形に関する「普遍的」なことについて扱う学なのである。ここまでは、ユークリッドを含めてだれもが納得することであろう。さて、普遍的というからには、少なくとも、ここにある図形Aについては成り立つけれども、場所だけが違う「同じ」図形については成り立たないような事柄は幾何学のテーマではないといえるだろう。だが、「同じ」とは一体何なのだろうか。

ユークリッドにおいての図形の「同じさ」とは、もちろん「合同」ということである。すなわち、その図形を構成する線や角などが同じ大きさをもつ、ということである。しかし直観的に考えてみるだけでもわかるが、たとえば離れた場所にある図形について線や角を比べるというためには、この線とこの線、この角とこの角、というように対応づけて考える必要がある。ここにすでに、「対応」づけという、現代的な関数の概念が潜んでいることに気づく。しかも、ただ適当に対応づければよい、というものではない。当然のことながら、たとえば図形を「バラバラにして」対応付けるのでは意味がないだろう。図形を「まるごとに」他の図形に重ね描く変換、すなわち図形を「移動」する、という概念が必要なのである。

具体的にいえば、ここでいう移動とは、「平行移動」や「回転」、そしてある線に関する「鏡映」（先述の、ある線に関する「ひっくり返し」）である。（なお、テクニカルな話になるが、じつは「鏡映」さえあれば「平行移動」や「回転」をつくることができる。興味ある読者は考えてみられたい。）むしろ、こうした変換によって互いに移りあうものが「合同」なのだ、と考えようではないか、というのがクラインのアイデアである。「合同」を先におくのではなく、「平行移動や回転、鏡映という変換によって移りあうことを合同と呼ぶ」のである。

「同じさ」から「変換」へ——主役の交代

一見このアイデアは些細なものに見える。「ものは言いよう」という程度のことに思えるかもしれない。ところが、様々なレベルの「同じさ」、あるいはまったく違う観点からの「同じさ」を考えようとしたとき、このアイデアがいかに優れているかが見えてくるのである。

よく考えてみると、ユークリッドの幾何においてさえ、「合同」とは違う種類の「同じさ」があることに気が付く。すなわち、「相似」である。直観的にいえば、「大きさこそ違え、形が同じ」という「同じさ」である。（ちなみに、多くの心理学者によれば、人間はもともと「合同」よりも「相似」のほうを先に獲得するらしい。）では、形が同じ、ということをいったいどのように定義したらよいのか。クラインのアイデアは明確である。考える変換をさらに増やして考えよう。平行移動・回転・鏡映だけでなく、拡大・縮小という変換まで含めて考えるとき、「それらの変換によって移りあうことを相似と呼ぶ」のである。

では、さらに多くの変換を考えればどうなるか？　あるいは、別種の変換に着目すればどうなるか？　クラインは、考える変換を定めるごとに、「それによって移りあう」という意味での「同じさ」が定まると考えた。そして、考えている変換の全体すなわち「変換群」が『幾何学』を定義するのだ、と提起した。すなわち幾何学とは、「変換群によって変わらない性質の探究である」というのである。変換群ごとにそれぞれの幾何学が定まる。もはや幾何学の主役は図形ではなく、変換なのである。

実はこの方向性のなかに、アインシュタインの相対性理論も存在している。互いに等速直線運動しあう観測者にとって、ある出来事と他の出来事の間隔の「現われ」は、空間的にも時間的にも、変化する。相対性理論においては、その変化する「現われ」の間の変換の全体＝「変換群」によって変わらないものを考えることが重要であるが（たとえば真空中の光速）、それはまさにクラインの意味での幾何学を意味する。実際それは「ミンコフスキー幾何学」と呼ばれるものであり、ユークリッド幾何学の範疇にないのである。そこではもはや、有名なユークリッドの第五公準、いわゆる「平行線の公理」が成り立たない。相対性理論は、まさに「唯一の幾何学」という思考の束縛から自由になることによってはじめて可能となる偉大な発見だったのである。

もう一つの重要な例は、トポロジーである。合同や相似でさえ「細かすぎる」、いいかえれば考える変換の枠が狭すぎる、という発想からいえば、ある意味で究極的なものとして、「図形のつながりをこわさないような変換」＝連続写像をすべて考える、という幾何学があっても当然であろう。実際それは、「トポロジー」という形で結実する。「トポロジーにおいてはドーナツとコーヒーカップが〈同じ〉」という、非常によく知られた惹句があるが[10]、これは変換としてあらゆる連続写像を考えるということなのである。このような考えは、あまりにも数学のあらゆる分野で活用されているため、現代においてはトポロジーを「幾何学の一分野」と考えることすらほとんどなくなっているくらいである。そして、トポロジー的な考えを「あらゆる分野で活用」するために一般化したものが、圏論なのである。紙数の関係上詳述はできないが、自然変換というのがその「最も一般化した意味でのトポロジー」における、変換なのである。

自己目的化という危険

このような、「変換に軸足を移すことによってこれまでの思考の束縛から自由になる」という運動は、相対性理論やトポロジーのみならず、現代の数学や物理学の大きな流れということができる。それにもかかわらず、一般的に共有されている数学・物理学のイメージは、むしろきわめて静的なものであったり、厳密性を通じた固着的な「絶対性」と結びついたりしているのではないか。もちろんその一つの理由としては、数学や物理学の流れが一般に「知られていない」というありきたりな理由もあげられるだろう。

一方で、なぜそうであるのか、ということをさらに掘り下げていけば、専門家ですらも（実際に彼らがやっていることに反して）そうした静的・固着的な「絶対性」を体系に「読み込んでしまっている」傾向があるという面も否定できないと思われる。これについては第一章において量子場の捉え方に対する両極端の実体論について詳しく論じたとおりである。さらにこのことは、第二章において触れたとおり、実際の数学において常に働いている非規準的選択が、まさにその働いているがゆえに見えなくなる、という出来事＝構造とも不可分に関連している。さらには、第三章において論じた、「変換に軸足を移す」ということを題目でなく実践するための枠組みであるはずの圏論的な数学でさえ、量子場に対する両極端の実体論と結びついたり、非規準的選択をさらに不可視なものとする役割を果たす局面があることも否定できない。

これらは、非常に一般的な現象であり、かつ多くの哲学者が取り組み続けてきた課題、すなわち「思考の束縛から自由になるために導入される枠組み自体が束縛となる」という問題の典型的な現われであるとも言えるかもしれない。そのように固定的な枠組みに「立脚」し、その上に

「自分の立場を定め」たくなる拭いがたい傾向がわれわれのうちにはある。それを自覚することが第一の課題であり、この自覚のプロセスをわれわれは本書のなかで繰り返し実践してきたつもりである。

しかし、このように言うと、「束縛から自由になる」ということ自体が自己目的として捉えられてしまう危険性が出てくる。「自由になりさえすればよいのか？」ということで、「Aから自由になるためのB、Bから自由になるためのC、……」という仕方で、束縛からの解放を無限に続ければよいのか、という疑問をもつ人がいるかもしれない。そして、それこそまさに「無益な試み」であるかのように考える人もいるかもしれない。

このような疑問は、われわれの思考にまとわりつくもう一つの拭いがたい傾向を示している。それは、特定の「問い」とは無関係に、「答え」だけを求めようとする傾向である。

5　問いがなければ答えはない

われわれはすでに第一章で、量子場に関する議論に関連して、「問いがなければ答えはない」ということを論じた。この定式のもつ射程は、実ははるかに広く深い。本書でこれまで論じてきたことを前提にすれば、そのことはかなり納得しうることであるように思われる。

もう一度トポロジーを引き合いに出すなら、「円と三角形は同じか」という問いに対して、普通は「同じではない」と答える。しかし、トポロジー的には、円と三角形は連続的に変形可能だから「同じ」と見なされる。問いが決まらなければ、「同じ」か「同じでない」かという答えは決まらない。

これはあたりまえのことにも思えるが、われわれはしばしば問いを度外視して答えだけを求めようとする。われわれが「実体化」として批判してきたことの背後にあるのも、そのような根本的傾向であるように思われる。もし、いかなる答えも問いとの関連なしにはありえないとすれば、「xは……である」という端的な断言はありえないことになる。それがいかなる問いへの答えであるかによって、それが「正しい」か「正しくない」かも変わってしまうのである。われわれが何らかの端的な断言を「正しい」と思うとき、その背後には、意識されていない「問い」が隠されているのである。そして、「問い」を共有するときにのみ、われわれは何らかの「正しさ」を共有することもできるのである。これを仏教的に言うならば、「問いを縁として答えが起こる」ということ、すなわち「縁起」ということになるだろう。

仏教的な「縁起」や「空」に対する誤解としてもしばしば言われることだが、「何も固定的なものはないのだから、一切は無規定のあやふやなものになるということか?」という疑問が、われわれの論じてきた「自由」についても浮かんでくるかもしれない。われわれは確かに、固定的な何かに固着することなく、どこまでも「自由」を求める動きとして、たとえば数学について論じてきた。しかし、どこまでも固定化を廃し流動化していくということ自体を、自己目的的に捉えるなら、それもまた思考のあり方としては、空疎な抽象的固定化であると言わねばならない。「自由の自由の自由の……」というような空疎な反復は、まさしく一種の抽象的な固定化にほかならないのである。

これに対し、本書ですでに繰り返し論じてきたように、個体的に比類のない「これ」なしには、いかなる置き換え可能性も開かれず、特定の枠組みなしには、それを超えていく思考の動きもありえない。われわれの論じてきた「自由」は、具体的な特定の「問い」に対してのみ開かれてくるものである。そう考えるならば、「自由」がまた新たな束縛になるということはありえない。「自由」とは問いを欠いた答えではなく、あくまで具体的な問いに対する「実践」にほかならない。無定型の自由や全き無を「答え」として目指すというわけではなく、あくまでもいまここにある個体的な何かに即してのみ自由を求めるということがここで目指されていることである。むしろ「個体的な何かに即していない自由」なるものを求めるという態度は、ここでわれわれが論じてきた意味での自由とはまったく相いれないのである。

すでに繰り返し用いてきた表現を再び用いるなら、「個々のものに固着しないが、個々のものをおろそかにするわけでもない」態度こそ、ここで論じてきた「自由」に対応するものである。それは、つねに「いまここ」に現われてくる具体的な問題、特定の「問い」に応じて「答え」を紡ぎ出しつつ、それが「その問い」に対する答えであることを忘れない態度であり、その意味で、いかなる答えをも抽象的に切り離された仕方で絶対化しない態度である。そして同時に、つねに具体的な問いに応じているがゆえに、「何らの足がかりもない虚空」に浮遊するようなこととは正反対である。個体的な実践の具体性と、抽象的な固定的解答からの自由とを同時に実現しているのである。

ちなみに、こうした議論を展開する際に、著者たちの念頭にあったのはナーガールジュナの『中論』における「空」の概念である。そこでも、個々のものは大事でないかのように誤解されがちである。しかし、「空」の思想とは、何ものにも固着することをやめ、「手放す」ということではあるが、それは単に捨てることではなく、手放したものそれ自体を機縁として生かすということである。したがって、「個々のものへの執着」と、「個々のもの全般への無頓着」とを「思想」として対立させて、前者を否定し後者を主張するというわけではない。

空性とは、一切の見解からの出離であると勝者たちによって説かれた。一方、空性という見解をもつ人々については、成就不能の人々と呼んだのである。（『中論頌』13・8、石飛道子訳）

「空性」ということで、一切の「見解」から離れるということが説かれているわけであるが、他方で「空性」そのものを「見解」として堅持し、それに執着するということになれば、それはまさに「悟りえない人々」ということになる。ここにはまさに、前節の終わりで論じた「自己目的化の危険」が指摘されていると言ってよい。「空」そのものさえ、自己目的化されてはならないのである。ここまで来れば、「中道」というものの理解も可能になる。そもそも、われわれがすでに論じた「個々のものに固着しないが、個々のものをおろそかにするわけでもない」態度とは、この「中道」に対応するものだったと言える。その上でさらに、この「中道」さえも固定した態度としては自己解体していくような装置が、最初から当の「中道」そのものに含まれているのである。こうしたある種の「自己適用」を許すところが、ここで言おうとしていることの一つの大事なポイントである。（ナーガールジュナ自身が意識していたと思われるが、そもそも「空」や「中道」そのものが「縁起」の自己適用であるということもできる。）

6 「現実論」としての思考――哲学と科学の淵源に還る

これまで見てきたように、数学や物理学は、ある種の「自由」へ向かって進んできたと言える。かつて知を拘束していた枠組みを次々に突破し、より自由に思考できるスタイルを作り上げてきた。幾何学の展開をみればそれは明らかであろうし、古典力学から相対性理論や量子論への展開もまた、思考が次々に自らを縛っていた前提に気づき、そこから自由になっていく過程として考えることができる。われわれ自身もそこに焦点を当てることによって議論を展開してきたわけだが、ここでわれわれが提示した議論がどのような「ジャンル」に属するのか、当惑を感じる読者もいるかもしれない。純粋な数学や物理学の議論ではないし、いわゆる「科学哲学」として知られているものとも、議論のスタイルは異なる。しかし広い意味で言えば、ここでの議論はやはり一種の「哲学」に属するものだと考えられるだろう。

しかし、われわれが「科学」から区別され切り離されたような「哲学」を目指しているわけではないということは、すでに明らかだろう。むしろ、われわれの議論がそのスタイルそのものによって示そうとしているのは、科学と哲学が切り離された営みではありえないということ、そしてその両者に含まれた「思考」そのものの力である。

科学と哲学との関係を考えてみると、十九世紀以来の哲学は、つねに科学の瞠目すべき発展に圧倒されてきたという歴史がある。かつては哲学の一部であった心理学は、伝統的な人文学の一部から、それ自身一つの「科学」となる方向へと舵を切った。二十世紀に至ると、より多くの哲学者が、科学に対立するより、科学的知見に親和的な仕方で哲学的思考を展開することを試みるようになった。哲学者のなかには、科学に近づくことによってこそ、哲学は旧来のしがらみを捨ててより真理に近づくことになると考える人々もいる。つまり、科学の成功をまねることが、哲学にとってもより見込みのある道なのだという考えもありうるかもしれない。

われわれも、科学を無視して哲学がありうるとは決して考えない。しかし、哲学が科学に近づくにしても、そこで科学がどういうものとして思い描かれているかが本質的に重要である。もし哲学者が、現在存在する科学的知見を絶対視してそれに依拠しようとするなら、むしろ当の科学者がそれを不適切だと見なすだろう。現在存在する科学的知見は、最終的に確定された「真理」

の体系として存在しているわけではない。最先端で活動する科学者であるほど、その実感は強いだろう。哲学者が遠くから仰ぎ見る「確固たる科学」のようなものは、一種の幻想である。もしそのように考えた「科学」に哲学が近づこうとするなら、実は哲学は、科学自身が離れようとしているものに近づこうとしていると言った方がよい。なぜなら、本書でも論じてきたように、現代科学、少なくとも数学と物理学は、自らを縛る前提を絶えず問いなおし、そこから自由になる方向へと進んできたからである。

このような現代的な意味での科学へと近づくことは、哲学が旧来の思考を捨てることを意味するのではなく（哲学が自信喪失に陥って科学におもねるのではなく）、哲学にとって最も起源的な、本来のあり方に還っていくことを意味するのではないだろうか。こう考えるなら、哲学が為すべきなのは、現行の、いまある科学を絶対視してそれに自分を吸収させようとするようなことではなく、よい意味での哲学の伝統を復権させることではないか。すなわち、絶対的なものを疑うこと、つねに自由であることこそ、哲学が立ち戻るべき原点ではないか。

もし現代科学の進みつつある方向が、われわれの論じてきたように「自由」への方向であるならば、この「自由」という点をめぐって、科学と哲学が交差しつつあるのが現代の状況であると考えられる。この現実に気づくことこそ、哲学が「科学的」になる道であると同時に、哲学がよりオーセンティックな哲学に還るということでもある。科学が科学としての自らの本質的活動を深めてゆくほど、その道は哲学が本来の哲学に立ち戻る道と重なってゆくのである。

それは、いかなる「答え」をも絶対視しないと同時に、科学の特質とも見なされる具体的で個別的な現実の細部への緻密な取り組み、すなわちそのつど具体的に現われる「問い」への応答であるがゆえに、空虚な無規定性や無際限の相対性に陥ることもない思考の営みを意味する。もちろん、個別的具体性以外は一切認めず、いかなる普遍性や抽象性をも排するというわけではない。個別的・具体的なものに即しつつ、それを「置き換え可能」なものと見なすことで、それへの固着から離れるところにこそ、われわれの考える「自由」な思考の特質がある。

われわれが哲学、科学、あるいは一般に「思考」を通して求めようとしているのは、絶対的な理論（絶対に確実な理論）を見つけるということではない。思考が思考自身をより自由にしていくということである。しかもこのことは、単に「一般的に」なされうることではなく、つねに具体的な「問い」に応じてなされる。自由さは、固定性や確実さの対極にあるものではない。それらの単なる対立概念ではない。むしろ自由さに到達すればこそ固定性や確実さが真に意義あるものとしてその生命を獲得する。それらの本質がよりクリアに見えてくるのである。

第五章

〈自由〉から現実を捉えなおす

――決定論から非可換確率論へ

第四章においては、「主体性」という倫理的な次元に関わる問題を取り扱ったが、そこでは「主体性」と深く関わる問題として「自由」の問題がすでに浮上していた。そして、哲学や科学といった「思考」そのものの核心にある「自由」について言及した。本章では、この問題をもう一度根本的に取り上げることによって、「自由」から現実を捉えなおすことを試みたい。

数学という営みにおける自由については第二章においてすでに非規準的選択という概念を用いて議論したが、本章ではこれまでの議論を踏まえ、いわゆる「決定論」についての考察を通して自由についてさらに掘り下げて考えるところから始めてみたい。それにより、自由が現実の核心を成すということが、より鮮明に見えてくるだろう。しかし、それは、一切が恣意的であるということではない。むしろわれわれが論じているような意味での「自由」を通してこそ、「普遍的である」ということのより普遍的な意味が明らかになってくる。いいかえれば、「普遍的である」ということを、より限定的な制約を取り払って見ることができるようになるのである。

1　決定論を吟味する

決定論は大前提か？

まず「決定論」について吟味することから始めよう。ここで「決定論」とは、あらゆる事象が先行する原因によって一義的な仕方であらかじめ決定されているとする考え方を指す。簡単に言えば、ある瞬間の世界のありようが確定すれば、その後の世界のありようが一義的に確定するということである。こういう考えの典型的な例が「ラプラスの魔」と言われるもので、そもそもはニュートン力学の数学的整備とその成功を通じ、物理学者たちによって共有されていた考えである。その後、物理学の適用範囲が広がっていくなかで、物理学のみならず広範囲の学問の理想的なあり方と考えられ、いわば世界は本当は決定論的なものであり、学問はそれに迫る営みだという考えが広まっていった。その結果、現代において決定論的な思考はかなり多数の人々に共有されており、それが科学的に見た世界の真実の姿だと信じている人も多いかもしれない。もちろん現代の物理学者は量子論について知っているので、この意味での強い決定論が常に成り立つと強硬に主張することはほとんどないが、一方では決定論が破綻するのはミクロな領域のみであり、その他は依然として決定論で済むという考えはいまだに根強い(1)。

特に原子レベル以上の現象としての生命現象や、意識現象といったものの理解は、(たとえ現実の研究においては確率・統計の活用が不可欠だとしても)理想的には決定論的なものであり、非決定論は本質的には問題にならないと考える科学者も多いと思われる。特に、ある種のインパクトのある実験結果がその信念を強化してもいる(2)。

このような状況においては、自由というのはあくまで「決定論と両立するような仕方で」捉えるべきものであり、決定論を議論の大前提に置くのが「科学的」な態度である、といった考え方が実に広範に共有されているというのが現状であろうと思われる。

しかし実際には、「決定論を自由の議論の大前提におかなければならない」というのは単なる信念以上のものではない。すでに第一章で議論したように、決定論どころかより一般に確率論的な法則であろうとも、それが「法則」である以上は「反復可能性」が前提されている。一方、厳密にいえば「絶対的に同じ出来事」など二度と起こるものではなく、必ずその「異なる出来事の間の同じさ」をわれわれの側で設定しなければならない。こうした同じさの設定にもとづいて、はじめて法則が立ち現われるのである。

例を挙げるならば、ある患者について「平均余命」を考えるとする場合、その患者を「三十代の人間」の一人として考えるか、「男性」の一人として考えるか、あるいは「A市在住の三十代男性」の一人として考えるかなど、「どの母集団の一員として考えるか」によってその推測値はかならず異なってくるはずである。ではと言って、条件を強めれば強めるほど良いだろうというわけにもいかない。「同じさ」の度合いはより高まるだろうというのは素朴な考えではあるが、一方でその母集団がどんどん少なくなるため、法則の信頼性が覚束なくなってくるからである。われわれはそうしたバランスを直観や経験を踏まえながら慎重に調整することを通して、（ある程度）信頼できる確率法則を得ているのである。[3] そこでわれわれは、われわれの側の目的や状況に応じて、バランスのなかで「それなりに使える」法則を求めているのであって、確率や統計をよく識る人ほど、そこで「絶対的な」法則について語ることなどできないと言うだろう。

このように、科学における法則というものは「同じさを設定すること」に依存している。そして、どのような同じさを選ぶかということに絶対的に必然的な規準は存在していない。まさに非規準的な選択にもとづいて法則が立ち現われるのであって、その逆ではないのである。

このように考えてくれば、「決定論が大前提である」などと考えるのはむしろ荒唐無稽な話というべきである。天体力学の場合には、その「同じさ」の度合いを十分に高めることで、きわめて決定論的な法則を得ることが可能であり、その天体力学を範型とする古典力学が決定論的なものとなったのは自然の成り行きではある。しかし、いわゆる物理学の領域ですら、完全に決定論的なモデルが通用するのは天体力学の一部などのごく狭い領域のみであり、実際の応用には確率論的なモデルを必要とする。それでも「本当は決定論的」であって、確率は単に無知の反映なのであろう、という信念自体は脅かされなかったのであるが、そこに量子論が登場し、その信念すら捨てざるを得なくなった、というのが物理学における実情なのである。

物理学においてすらこのような事情なのだから、それ以外の研究分野について決定論的なモデルが通用することはますます稀である。たとえば生物現象のレベルにおいて決定論的なモデルが妥当するのはきわめて限られた場合に限られる。むしろ、大数の法則や中心極限定理などといった確率論的な構造のおかげで、非決定論的なモデルから決定論的なモデルが「創発」するのである。簡単にいえば、「決定論が大前提」どころではなく「決定論で書けるのはどのような場合なのか」という問題自体がそもそもまったく当たり前でない（非自明な）問題なのである。

要するに、自然において決定論的な捉え方が妥当であると言えるのはむしろ特殊なケースだということである。したがって、こうした特殊なケースでの妥当性を、自然全体に拡張するというのは、そもそも明らかに無理のある想定であり、ある種の「信念」以上のものではないのである。自然の全体（量子現象を含む）がすべて決定論的に成り立っているという決定的な証拠が、何かあるだろうか。もしないとすれば、自然全体が決定論的であるという考えは「信念」と呼ぶのが適当である。

決定論は優れた信念か？

これまでの議論から明らかになったのは、「決定論を前提として自由を考える」という考えはデフォルトではなく、われわれはまずそのような固定された枠組みから自らの思考を解放する必要があるということである。

しかし、それは認めた上で、なおも決定論を信じたいという人もいるかもしれない。たとえ決定論的な世界像が信念であるとしても、それはわかりやすく、明確で、優れた信念であり、信じるに値するものだ、とそのような人は言うかもしれない。もちろん、何かを信じることはそれこその個人の自由だが――その信念の「自由」が決定論の主張とどのように折り合うのか、聞いてみたい気もするが――、決定論的な信念は、そもそも信念としても「優れている」とは言えないということを、これから論じてみたい。

決定論者は言うかもしれない。「百歩譲って、宇宙が決定論的に成り立っているということが単なる「信念」であるとしても、だからといって「自由がある」ということが証明されたわけではない。それにも証拠はないのであり、やはり単なる「信念」であるにすぎない」と。仮にそうであるとしても、そこで決定論を信じるという選択はとるべきでない、とわれわれは考える。

人類は、起源を語れないほど昔から自由を信じて生きてきた。自然的に生きているときに、自由を信じて生きていない人はいない。自由という、おそらく自分が信じていることさえわれわれがほとんど意識しないほど根本的な想定は、簡単に選んだり捨てたりできるようなものではなく、実践的には、太古の昔からわれわれの生を支え、それを成り立たせてきたものでもある。

人類の太古の祖先の生活を思い浮かべてみよう。自分は藪のなかに隠れていて、数メートル先に猛獣がいる。そのまま隠れているべきか？　しかし、猛獣が匂いを嗅ぎつけて襲ってくるかもしれない。だとしたら、いますぐにでも藪から飛び出して脱兎のごとく逃げ出すべきか？　だが、その途端猛獣に捕らえられてしまうかもしれない。……このような逡巡をわずかでも経験しうるとすれば、そこにはもう自由の想定が含まれている。隠れ続けるのも自由、逃げ出すのも自由、という想定がなければ、いま述べた逡巡は意味を成さない。純粋に決定論的な信念にもとづいて生きるものにとっては、逡巡そのものがありえない。人類が逡巡し、思いをめぐらせ、創造的に行為の方向を選び取りながら進歩してきたとすれば、そこで自由の想定は決定的な役割を果たしてきたと言っても過言ではない。

これに対して、決定論を信じることにはデメリットがあり、さらにいえば、不合理があり、自己欺瞞がある。デメリットに関してはほぼ明らかである。われわれが生きる現実がわれわれ自身の手で変えられないと考えるなら、個人のよりよい生を求めることも、よりよい社会のあり方を求めることも無意味となる。それをする動機が失われる。したがって、決定論者は、無気力な人間にならねば一貫性がないということになりそうである。これはライプニッツが「怠け者の理屈」と呼んだもので、「神によってすべてが決められているなら、私は何もしようと思わなくても一切は動いていくはずである」と一切を放置する態度である。これが不合理であり、そのような仕方でわれわれは生きられないし、もしそれを採用したら人類が消滅するのは確かだろう。これをデメリットと呼ばないわけにはいかないだろう。つまり決定論は、〈それを信じ、一貫してそれにもとづいて行為しようとするなら、ネガティヴな効果を及ぼすような信念〉であるということである。

これに対し、決定論者は次のように言うかもしれない。「たしかにわれわれは通常自由があると思っている。そして、それにもとづいて色々なことをしているということは否定しない。そのメリットも認めよう。しかし、自由の想定そのものが幻想であり、実はわれわれの行為は決定論的に決められているのだというのがわれわれの主張なのである」と。こういう主張はしばしば聞かれるようにも思われるが、われわれとしては、「このように主張することによって、決定論者は何がしたいのか?」と尋ねたい。

（1）もし、「自由という想定は幻想であるが、有用な幻想であり、それにもとづいて生きることには問題がない」と言うのだとしたら、決定論者は、自分や他人の行為や生に関しては、決定論という想定を特に使用しないということになる。自分や他人の生に決定論を適用しないとしたら、決定論にはどのような意味があるのか。もしかしたらこう言うのかもしれない。「行為や生というのは「主観的」なもので、そう思われただけのものである。これに対し自然は決定論的である」と。だが、自然は決定論的であるという想定に決定的な根拠はない（むしろ不利な根拠がある）ということは、すでに論じたとおりである。であるとすると、決定的な真理であるわけでもなく、日常生活で使うわけでもない信念や想定を維持しようとする動機は、何であるのだろうか。われわれにはそこが理解できない。

（2）もし、「自由は幻想だからよくない、そういう幻想は捨てるべきだ」と言うのであれば、決定論者は深刻な自己矛盾を抱え込むことになる。もしわれわれが自由という信念をみずから「捨てる」ことができると決定論者が考えているのだとしたら、そこで決定論者は、われわれには信念を捨てる自由があると考えていることになる。でなければ、自由という信念を捨てて、決定論という信念を採用すべきだという主張は無意味になる。これに対し、「いや、何かをすべきだと主張しているのではない、ただそれが真理だと言っているだけだ」と言うなら、第一に、「それを真理と言うには根拠が欠けている」とわれわれは答えるだろうし、第二に、「自分の行為をも説明しうるような、現実の成り立ちに関する信念として採用することもできず、利用することもできないなら、なぜそれを主張するのか？」という問いが再び浮かんでくる。

いずれにせよ、決定論者が決定論を主張することによってやろうとしていることは、本当に「自由」という想定から完全に無関係か、と問うことができる。われわれとしては、決定論の主張自体のなかに、すでに自由の想定が入り込んでいるのではないか、それと完全に手を切ることはおそらく不可能ではないか、と考えている。もしそうだとすれば、決定論者は、自らの行為（決定論を主張したり、他人を説得しようとしたりする行為も含む）に関しては自由という想定を適用しながら、主張の内容においては自由を否定するという二重基準を採用していることになる。

簡単にいえば、決定論とは、自分たちの行為や生から切り離して、抽象的に主張することはできるが、それにもとづいて生きることはできないような想定であると言えそうである。つまりここでは、論じること、主張するということと、行為するということとの違いが問題になっている。論じる、主張するときには、自分自身を度外視することができる。しかし、行為するときにはそうはいかない。いまあなたが何か行為しようとしているとしよう。たとえば、いま目の前にいる人に声をかけようか、やめようか、迷っているとしよう。そこであなたは、自分を度外視できるだろうか？　それは決定論的だろうか？　「そうかもしれない」とあなたは言うかもしれない。そこしかし、その場合、あなたは自分の行為を横から眺めて、行為する自分を度外視している。そこから、何らかの行為に移る、行為を始動するということが、本当に起こりうるだろうか？　いずれかの行為を選択し、決定するときに、決定論的想定に従うことができるだろうか？　行為の只中で、自分のすることがすでに決定されていると本気で考えることができるだろうか？　もしそう信じていたとしても、いま行為する自分としては、次に何が起こるか（次に私が何をすること に決まっているのか）がわからない。わからないなかで、とにかく何かに決めなければならない。このことを、われわれはまさに「自由」と呼んでいるのではないか？（そしてこれは、われわれがすでに他の章で論じた別の言葉で言えば、「非規準的選択」である。）

2　因果のなかでの自由――現実の一般構造

決定論と因果性は異なる

われわれはここまで、自由について考える上で決定論は決して大前提となるべきものでもなく、優れた信念とも言えないことを論じてきた。その意味で、われわれは決定論をしりぞけて非決定論をとるといえる。しかし、非決定論をとるからと言って、「因果性」を否定するものではないことを強調したい。というのも、決定論でないというだけで、「それは原因と結果という関係を否定している」と誤解されがちだからである。もし原因と結果という関係がなければ、自由というものもかえって無化されてしまうように見える。「決定論でなければ無秩序である」、そして、「無秩序ならば〈自由に何かを引き起こす〉ということさえ考えられない」というわけである。

決定論があまりにも広汎に共有されていることにより、決定論と因果性とがしばしば同一視されてしまいがちだが、この二つは本来異なるものである。

決定論というのは、

「Aがあれば、かならずBがある」

という種類の連鎖によってこの世界が成立しているという見方である。すでに説明したように、このような仕方で捉えられるのは自然のごく特殊な領域に限られる。

一方、因果性とは、

「Aがなければ、Bがない」

という種類の関係性をいう。もちろんこのときAは「原因」、Bは「結果」と呼ばれる。もちろんこちらの関係性も、現実には、一〇〇パーセントの確率でいえることは稀であり、「ほとんどない」ことを「ない」と見なして運用することが多いが、ここでは簡単に、「Aがなければ、Bは決してない」というケースで説明しよう。

この二つの概念を区別するのは簡単である。簡単な例を挙げよう。

「種がなければ、芽はない」

というのは、（うるさいことをいわなければ）ほとんどの人が「それはそうだろう」と思うに違いない。ことわざにもあるように「蒔かぬ種は生えぬ」からである。そして、種を原因とよび、芽を結果とよぶのは自然だろう。これは因果性の典型である。

一方、果たして種と芽は決定論的な関係をもっているだろうか。「種を蒔けば、必ず芽が生える」と言ってよいだろうか。もちろんそうではない。環境要因や種自身の特性、そして諸々の偶然により左右されると考えるのが当然であろう。もちろんだからといって、大根の種からトマトが生えることはないので、「何も確定したことがいえない」というわけではない。しかし、種を蒔けば一〇〇パーセント芽が出るわけではないのだから、この関係は決定論的なものではないのである。

このように、日常的な事例をあげるだけで、決定論と因果性は異なる概念であることが理解できる。それにもかかわらず、それらが混同されてしまいがちなのは、『科学の発達により、発芽のプロセスをもし微に入り細にわたって理解できれば、一〇〇パーセントの予測や制御が可能なはずだ」という信念があるからだろう。実際、よりミクロなプロセスを見ていくことによって、その決定論的な理想が実現するかのようにも思える。ところが、そのミクロの究極すなわち量子論においてわれわれにつきつけられたのは、ミクロに見たら決定論的になるわけではない、ということであった。すでに述べたように、世界全体が決定論的なのではなく、決定論はごく限られた領域でしか成立しないのである。

一方因果性についてはどうだろうか。もちろん因果性というものもまた、それを確かめるためには反復が必要であり、そのためには同じさの設定が必要であるという意味において、決して「絶対的に、一義的に」定まるものではない。その上で、少なくとも科学がこれまで問題にしてきた現象に関して、因果性が破綻するという例はいまだかつてなかった。「あらゆる現象は、他のなんらかの現象に依存している」のである。仏教の用語を用いれば、「縁起」である。この

「縁って起こる」ということと、決定論とは、似て非なる考えなのである。[4]

以上のように決定論と因果律をきっちりと区別するならば、「もし決定論を否定すると、原因のない現象を認めることになり、すべてが無秩序となるため主体的な選択に意味がなくなる。よって決定論こそが自由の前提だ」といった議論をしりぞけることができる。そのような議論は、決定論と因果性を混同しているのであり、そこで意図されているのは、決定論が自由の前提となるということではなく、因果性が自由の前提となるということである。因果性が自由を考える上で重要だということについてはわれわれも同意する。われわれが主張するのは、「**決定論を否定しても因果性を否定することにはならない。自由と因果性は両立するし、結びついている**」ということだからである。

絶対的な自由を主張しているわけでもない

自由と因果性は両立すると述べた。ここから考えるなら、以下のような懸念に対しても答えることができるかもしれない。すなわち、われわれの自由の擁護が、「完全に自由な主体」という近代的な概念を擁護するものだとしたら、それはそれで問題的なのではないか、という懸念である。「私は完全に自由であり、自分の意志ですべてを決めることができる」という強い意味での自由の想定は、人間の現実に即さない理念的なものであり、この理念にとらわれることは、われわれ自身が社会のなかで生活していくにあたって、ある種の苦しみの原因になるのではないか、と考えられる。それは、過剰な自己責任論にもつながりうる。

ある人が不適切な行為を行ってしまったとき、その人の完全な自由を想定して、「それを行わないことができた」と主張し、その人に全面的な責任を負わせて糾弾することは、少なくともつねに正しいこととは思われない。だからわれわれは「様々な事情」を考慮する。その人がそのような行為に向かわざるをえなかった事情を勘案しようとする。しかし、それが行き過ぎて、「彼には何らの責任もない、彼をそのような行為に向かわせた状況や、ひいては社会が悪かったのである」と主張するとしたらどうだろうか。これはある種の決定論的な主張である。当人には選択の余地はなかったということになるからである。これもまた極端であるように見える。

だとすると、少なくとも穏当な態度は、われわれの行為を促す様々な条件を認めつつ、そのなかでわれわれ自身がそれなりの自由をもって行為している、と考えることであろう。もしこのような態度をとるのであれば、われわれはすでに自由と因果性の両立を認めていることになる。

われわれは、実体としての絶対的な自由のようなものを想定しているわけではない。実際われわれが「自由な行為」と考えているものは因果性と結びついており、他の様々な現象に「縁って起こる」のである以上、（無媒介的な）実体ではありえない。もちろん実体でないというのは、現実でないということとはまったく異なる。われわれは自由を実体として捉えようとしてきたのではなく、決定論と因果性を混同したり、現実と実体を混同したりする誤りを避けることによって、「自由」というものの余地を一切認めない議論に対して、その問題点や不自然さを指摘しただけである。一切何も前提せずに、ゼロから始める絶対的に自由な自発的主体のようなものを想定しているわけではなく、多様な前提条件によって様々に規定されながら、しかもそのなかで自由の余地を失わないのがわれわれの現実のあり方であると考えている。この意味で、われわれは決して因果性を否定するわけではない。何かに「因る」、あるいは「依る」（依存する）ということを否定せずに、なおも自由を考えることができる。「因る」「依る」ということは決定論を意味するのではなく、何かに「因る／依る」ということがまさに自由の条件であるようなあり方を考えることが、ここでのわれわれの意図である。

自由な行為も、それまでに起こったことや、その他様々な条件に依存して起こる。たとえば、Aという道の分岐地点で、右に行くのも左に行くのも自由だが、そもそもその前にその分岐点Aまで来ていなければ、右か左を選ぶこともできない。もし別の場所Bに来ていたら、Aから始まる道を選ぶという状況は起こらない。A地点で右も左も選べるという自由は、それまでに起こった特定の状況に依存している。さらに、A地点における選択が、未来においてどのような選択がなされるかを条件づける。右の道を選べば、その道からわかれる道しか選べないのである。またそうであるからこそ、A地点での選択には「重み」があり、自由というものは無意味な偶然以上のものなのである。きわめて単純な話だが、ここで何らかの条件に依存するということが、必ずしも決定論を意味せず、自由な行為と両立するということは明らかだろう。

依存と自由——現実の一般構造の現われ

「依る」ということと自由との関係をもう少し掘り下げて考えてみよう。何かに依って自由な選択が可能になり、その自由な選択の結果が条件となって、またそれに依る新たな選択が可能になる。このような仕方で、「依ること」と自由とは不可分である。過去の様々な条件が一点で交差することによって、そこから（微小なゆらぎといった程度から実存的決断まで、程度の差はあれ）何らかのレベルで創造的な選択が生まれる。そしてこの選択が一つの「結果」として確定するとき、それがまた条件の一つとなり、他の条件と交差してまた創造的な選択が生まれる。[5] これが現実世界の事象や人間の活動を形づくっていく。

しかしここではまだ手つかずのまま前提されていることがある。それが「時間」である。ここでは、過去の出来事がそれに後続する出来事を条件づけ、それによってまたさらに未来の出来事が条件づけられていく、という考え方がされている。しかし、このような考え方をするためには、どのような条件が必要になるのだろうか。

このことは、すでに第二章でも論じている。われわれはしばしば直線的な時間が客観的に成り立っているかのように考えてしまうが、そのような「時間」はある種のイメージであり、現実に観察することができるものではない。実際に観察されうるのは、時間的に生起する諸々の出来事である。いま起こったことはただちに過ぎ去り、いまはまた新たな出来事が起こっている。過ぎ去った出来事は、消滅していまはないのであり、現実にあるのはいま起こっていることだけである、とも考えられる。しかし、起こったことは、必ずしも消え去らない。次々に出来事が起こるなかで、過去に起こった出来事はいま起きている出来事と横並びになり、比較可能になる。そこに一つの系列を見てとることができるようになる。これが時間の生成である、とわれわれは第二章で論じた。要するに、比較不可能な出来事の生起が、起こった途端に比較可能になり、他の出来事と並列され、一つの布置を形づくる。これをわれわれは「非規準的選択」と呼んだのだった。

このような観点から、先ほどの「依存」と「自由」の関係をもう一度捉えなおしてみよう。「依存」とか「依る」と言われていたのは、Aに依ってBが起こり、Bに依ってCが起こる、といった依存的生起の連鎖である。これは、多数の出来事を同一平面に置いて見る（過去・現在・未来の出来事を同一平面ないし一直線上に置いて見る）ことを前提している。AとBの依存関係（因果性）を見るということは、AとBを同列において見るということを前提している。そこでAとBは比較可能な地平に置かれているのである。

これに対し、「自由」の方はどうだろうか。「自由」は比較可能な地平に現われない。右の道を選ぶか、左の道を選ぶか。道は比較可能だし、行為の選択肢も比較可能である。しかし、未来の選択肢を比較可能性の地平に並べておいたとしても、それだけでは自由な行為にはならない。自由は、その比較可能性の地平には現われないものとして、それとは原理的に異質な原理として、横並びになった可能性から一つの出来事を現実化し、この世界のなかに確定的な一つの事実を出現させる。しかし、自由な選択において、その事実はまだ出現していない。したがって自由な選択において、われわれは決して他の出来事と並列的な仕方で比較できないものと関わっている。「まだどこにもない」事実、それが何であるかわからないものの次元と関わっているのである。

このような自由の次元が、第二章で論じた「非規準的選択」に対応することは明らかだろう。非規準的選択とは、「自由に置く」ことだが、それによって置かれたものは、もはや自由に変えることはできない。何かを選ばなければ何も始まらないが、選んだ途端に、何かが決まる。そこには秩序があり、それを勝手に変えることはできない。このことをわれわれは数学をするという活動に即して論じた。そしてさらに、第一章で量子論に即して論じた自然のあり方も、それと重なる。個々のもの（粒子的な現われ）がどのように実現するかは決まっていないが、それが確定し、それが他の同様なものと同列に置かれたとき（比較可能なものとして、同様なものの一例として捉えられたとき）、そこに明確な秩序や布置（すなわち法則性）が現われる。ここにも、不定なものと、比較可能なものとの不可分の関係、あるいはその「同時生起」が見てとれる。これこそが自然の基本的なあり方であり、現実の「一般構造」であるとわれわれは論じてきた。ここからすると、先に論じた「自由と依存」の関係は、まさしくこの一般構造の一つの現われであるということが見えてくるのである。(6)

このように、自然界に見られる現実の「一般構造」が、われわれ自身の行為や生といったレベルの出来事にもまさしく当てはまる。それらは結局、「同じ現実」について語っているのだから、そうなるのが当然ともいえるかもしれない。第一章や第二章で論じてきたのと同じことを、人間的生という文脈で述べれば、「自由」という言葉が適当であるということである。

3 科学的現実観との再接続——非可換確率論を手がかりに

これまでわれわれは、「現実とは何か」という問いを追究し、それを量子論が扱うような物理的現実や数学的な営みのあり方、現われの一般構造、「私」と自由といったテーマに即して考察してきた。これによって、現実の「一般構造＝出来事」とわれわれが考えるものが、物理的現実や数学的真理から人間的生のあり方までを貫いていることが見えてきたように思われる。しかし、この段階では、それが現在一般的と考えられる科学的な現実観とどのように接続するのかはまだよくわからないと思われるかもしれない。そこで、今現在われわれがもっている現実観と、本書で言われてきた現実の捉え方を、どのように結びつけたらよいのかについて、ここで考えてみたい。というのも、そのような試みなしには、われわれのもつ現実観は、知らず知らずのうちに再び旧来の現実観に逆戻りしていく可能性がきわめて高いからである。

ミクロとマクロ——量子現象は限定的か？

現実観について語るときに、どこから始めるかというのはすでに問題である。「どこから始めるか」によって、すでに特定の現実観が示されてしまう可能性があるからである。しかし、ここではそれについてはあまり考えずに、現代人にとって自然と思われる現実の描き方にある程度即しながら、その描きなおしを試みてみたい。

そこでまずミクロな物理的現実から考えてみたい。（必ずしもそれが最も基本的な現実であると主張しているわけではない。）それは、第一章でも論じたように、不定元としての量子場という考え方を基本にして捉えられる。そうであるとすると、ミクロな物理的現実は、根本的な非決定性を有しながら、絶えず粒子的な現われとしての個々のものを生み出し続けている。そのような個々のものは、物理学においては「事象」と呼ばれる。この事象たちの集まりとして捉えられる現象が、物理学においては通常「マクロな現象」と呼ばれている。ここで言うミクロとマクロというのは、物理学の文脈ではスケールの大小におおまかには対応しているのだが、必ずしも大きなスケールのものがいま述べた意味でマクロな現象であるというわけではない。少しニュアンスは異なるが、ミクロとマクロという代わりに、量子的と古典的と言うことも多い。特に近年では、いわゆるわれわれの眼に見えるスケールにおける量子的な現象の役割がとても面白い研究対象となってもいる。

「眼に見えるスケールにおける量子的な現象の役割」の興味深い事例は、生命現象においても数多くみられる。「眼に見える」と言ったが、まさに視覚という現象はそのような現象の一つと考えられている。光というものを古典的に捉えているかぎり、われわれに夜空の星が見えることは説明できない。肉眼で夜空の星を見るということは、光、すなわち電磁場が量子場であるがゆえに可能になっているということは、量子論の黎明期からよく知られていることである。光のエネルギーが古典的なしかたで伝播しているとして計算すると、われわれの視細胞を興奮させるだけのエネルギーが得られない。光のエネルギーが一様に平均的に伝播されているのではなく、確率的に一定の「塊」としてエネルギーがやりとりされるからこそ、それが可能になる。不正確なたとえかもしれないが、一億円を一億人に均等に分配してもだれもほぼ何も買えないのに対して、一〇〇万円を一〇〇本宝くじで確率的に分配すれば、一〇〇人はいろいろ欲しいものを買えるだろうという状況に似ている。確率的な出来事だからこそ、一種の公平性を保ちながらそのようなことが可能になるのである。同様に、量子場は、その確率的な意味で一様性のある法則性は有しながら、それが具体的に現われる際にはそうした一様性を破ることによって、意味のある変化をもたらすのである。

ほかにも、酵素反応や光合成など、生命現象における量子的な特性の研究は現在進行中であるが、ここでは、脳における生理現象や、脳に依存する意識現象について考えてみよう。といっても、われわれは「意識イコール量子現象である」といった非常に強い主張をしようとしているわけではない。また、そのような主張をする論者の説に同意しているものでもない(7)。しかし、脳においてて何らかの意味で量子現象が役割を果たしているであろうとは考えている。もしそうであれば、脳や意識の理解についても量子論の数学的構造を用いることができたとしても不思議はない。もちろん、数学的構造が共通しているからといってそれが同一の現象であるということにはならないし、背後にある物理的・生理学的な機構については未解明である以上、あまりに大胆な仮説を前提とするべきではないだろう。しかし背後にあるメカニズムについてはオープンにしたままで、ともかく現われている現象のあり方を理解しようとするならば、量子論を理解するために有効な「数学的な構造」が、意識現象のある側面を理解するためにも有効であるらしいことがわかってきた。このことを示唆する研究も積み重なってきている。

問いの順序の重要性

ミクロの量子現象を理解するために有効な数学的構造が、人間同士のやりとりが関わるようなマクロレベルでも有効であるということを理解するための身近な例として、「アンケート」を取り上げ、マクロレベルに現われる「量子的な」構造について考えてみたい。

いわゆる「人間レベル」の研究において非常に重要な役割を果たすものに、アンケート調査がある。多くの場合、アンケートは統計的な情報を得るために行われる。だいたいどれくらいの人が何を思っているかを知るという世論調査はその典型である。また、どのような人はどんなことを思いやすいか、という確率を算出するという目的をもつアンケート調査も存在する。いずれも、人間やその集団の意思という「直接見えないもの」の有する確率的な法則を見出すために行われる調査と言える。もちろんここでも、「同じさの設定」という大問題が存在しているが、一旦それを定めれば、アンケートというのは確かに強力な手段と言えるだろう。

ところでこのアンケート調査において注意しなければならないことの一つに、「質問の順序が重要だ」ということがある。要するに、前の質問に答えることが、後の質問の答え方に本質的な影響を与えてしまうことである。これをキャリーオーバー効果という。

たとえば、「Aさんがこのような慈善事業を行っているのを知っていますか」という質問のあとに「Aさんについてどのような印象をもっていますか」という質問を続けたとする。この場合、おそらく、後の質問の答えは前の質問の効果によって影響を受けるだろう。通常、こういう問題を回避するためには、「質問の順序を工夫する」ことが推奨される。アンケートの作成というのは、こうした「歪み」を回避することに細心の注意を払う必要があるのである。

しかし、ここで「歪み」といったが、それは調査の目的との関係で「歪み」と呼ばれるのであり、むしろこの例は人間の思考というものの基本的なあり方をよく表しているともいえるだろう。別の例を挙げてみよう。たとえば、「魚の例をあげてください」「ペットの例をあげてください」という二つの質問をするとしよう。このとき、魚の例としてはたとえばマグロだとかタイだとか答える確率が高いであろう。ところが順序を変えて、「ペットの例をあげてください」の後に「魚の例をあげてください」というと、突如「グッピー」と答える確率が高くなったりするかもしれない（この例はいわゆる「グッピー効果」というものの一種である(8)）。

こうした例については、実感としても「それはそうだろう」と思う読者が多いだろう。しかし、このような人間の思考を、「選択肢の集合とそれに関する確率の重み」のペア、すなわち「確率空間」（図1）によって端的にモデル化しようとすると途端に困ったことになる。先ほどの例でいえば、「魚といえば？」という質問に対する答えの選択肢が相手の心のなかにあらかじめ存在し、その選択肢の重みもあらかじめ定まっていて、それをそのまま抽出するのがアンケートであると考えるのであれば、問いの順序でグッピーの確率が変わるというのは随分奇妙なことに思われてくる。一体何が問題なのだろうか？　それは、「選択肢の集合とそれに関する確率の重み」すなわち確率空間というものが「問いに先立って」安定的に存在する、という前提に問題があるのである。そして、問いは、確率空間の構造を変えることなく情報を取り出すものでは決してない。それどころか、確率空間を「変形」、ときには「創造」しさえするのである。

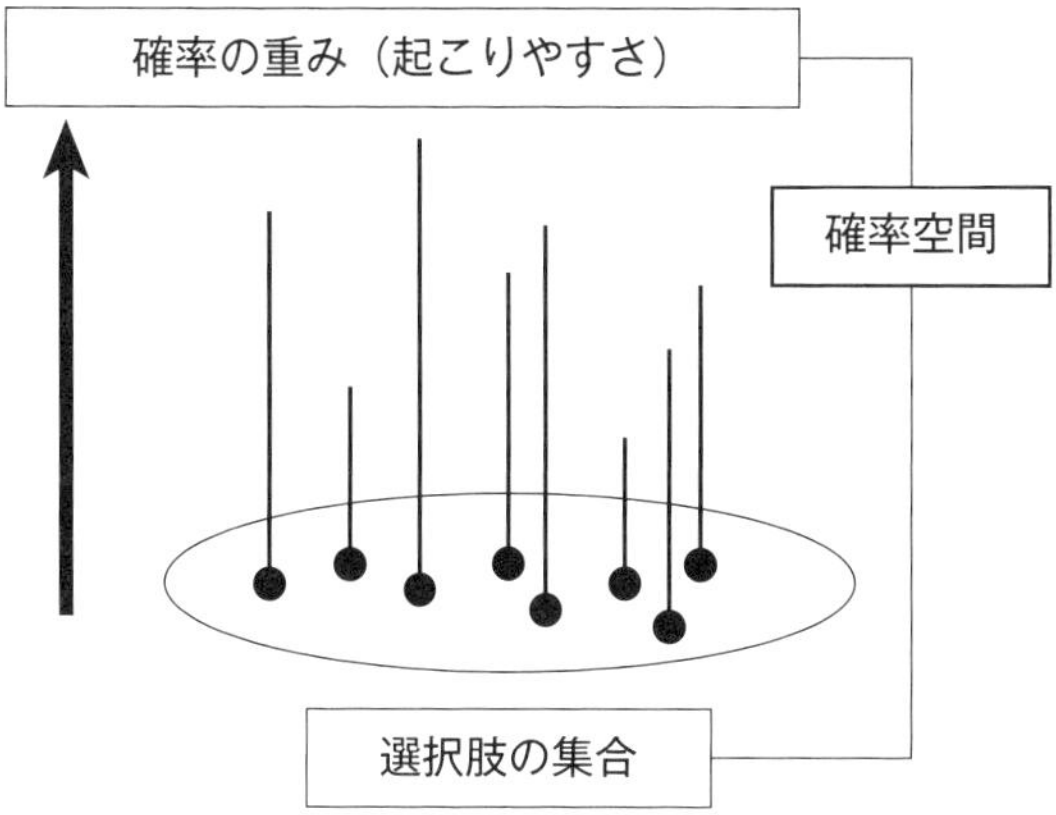

図1　確率空間

これは世論調査を考えれば明らかなことだろう。国会で審議されているありとあらゆる法案に詳しい知識をもつ有権者がそんなにいるとは言えないだろうから、当然、そのアンケート調査を通じてはじめて「真剣に考える」有権者も数多くいるに違いない。個々の質問の聞き方やその順序がきわめて強い影響を与えることを想像するのは簡単なことである。各新聞社のアンケート調査の結果が互いにかなりズレているのもその要因が大きいと思われる。要するに、問いは一般に答えを「作り出す」のであって、「あらかじめあるものを取り出す」操作に終始するものではないのである。

非可換確率論

このように考察してみると、これが第一章において論じた量子場の「不定元」としてのあり方にそっくりであることに気がつくだろう。まさしく「問いがなければ答えがない」というあり方そのものが、量子場に通底しているとも言える。実際、量子論以前の伝統的な確率の考えを元にした「古典確率論」(通常、単に確率論と呼ばれる分野)で扱えない量子場の振舞いをモデル化する「量子確率論」あるいは「非可換確率論」の構造が、こうしたアンケートの統計法則に見え隠れしているのである。

「量子確率論」あるいは「非可換確率論」とは、量子論をも包括できるように一般化された確率論である。通常の確率論では、「確率変数」(確率的に変動する量)がとりうる「値」やその値をとる「確率」はあらかじめ定められており、それにもとづいて確率変数の足し算や掛け算も通常の数と同様に定義されている。特に、確率変数どうしの積は可換、つまり計算の順序によらない。それに対し、「量子確率論」あるいは「非可換確率論」では、確率変数にあたる量はあくまで

「不定元」であり、それらの「期待値」を与える法則としての「状態」は定まっているが、「量の積が可換とは限らないケース」をも許す。これは一見すると形式的な一般化に過ぎないように見えるが、非可換な量を許すことで、すべての量に対してその「取りうる値」や「確率」が「あらかじめ定まっている」といえない場合（量子論はまさにそのような場合にあたる）をも扱える「一般化された確率論」となることが知られている。(9)

コラム1　非可換とは何か

「非可換」という言葉をはじめて聞いた読者も多いであろうが、実はこれはわれわれが生活のなかでよく知っていることでもある。卑近な例であるが、シャツを着てからセーターを着るのとセーターを着てからシャツを着るのは結果がまったく異なる。一般に操作というものを考える場合には、操作を続けて行う順序が問題になってくる。これを「非可換」というのである。一方、「数値」というものの掛け算は、順序を変えても結果が同じになる。たとえば2×3と3×2が等しくなる。このように、順序を変えても結果が同じになることを「可換」というのである。

操作と数値では、まったく世界が違っている、カテゴリー違いだと思うかもしれないが、実際には、数は操作の特殊例と考えることができる。すなわち、2を「二倍する」という操作と考え、3を「三倍する」という操作と考えるとき、2×3＝3×2というのは、それらの操作の順序を変えても結果が変わらないということを意味する。このように、数のシステムは操作のシステムの特殊例であり、「可換」という特別な性質をもったシステムなのである。（行列の掛け算を知っている人であれば、操作が非可換になることはむしろ普通のことであると納得できるだろう。）逆に、可換な操作の集まりについては、それをある意味で数値の話に還元できることも知られている（ゲルファント－ナイマルクの定理）。一言でいえば、可換な世界とは、すべてを数値に還元できる世界であり、非可換な世界とは、数値に還元できないより一般な操作を含む世界なのである。

かつて、この世界は「可換な世界」だと思われていた。しかし量子論が示したことは、少なくとも原子レベル以下の出来事については、「位置」とか「運動量」のように根本的な量が非可換であると考える必要がある、ということであった。つまり、物理量というものは本来、数値に還元できない「はたらき」ともいうべきものなのである。

物理量が「はたらき」であるというのは突拍子もない話のように聞こえるかもしれない。しかし、たとえば光子の物理量というのは、「それを測定することができるもの」であるが、測定できるということは逆に考えれば外界に「影響を与える」という特性であるともいえる。光子に運動量（運動の「勢い」にあたる量）があることは、光子が電子を「跳ね飛ばす」という現象を通じて発見され、測定可能となった（コンプトン散乱）。このように「影響を与える」という動的な特性こそが量だったのだ、と振り返るならば、それが「はたらき」だというのがむしろ自然であり、「はたらき」である物理量同士（たとえば「位置」と「運動量」）が非可換性をもちうることにも納得してもらえるのではないだろうか（直観的にも、位置を測定することは「勢い」を殺すことであり、運動量は勢いそのものなのだから、同時に数値が確定しないこと、したがって非可換であることにも納得できるだろう）。数値だけで記述できるという「古典的」な世界像が有効になるのは、非可換性が無視できる特殊な状況においてのみなのである。

コラム2 量子論と行列

ボルンは、電子の軌道間遷移に関するハイゼンベルクの計算を見て、かつて学生時代に学んだ行列計算のことを思い出した。これが現在の量子論の起源の一つとなった。

量子論の発展を通して、ヒルベルト空間論ができ、それが現在の線型代数の基礎を形づくっている。さらに線型代数が全数学の基礎となりうることをブルバキが見出し、現代のいわゆる理系の教育の基礎となっている。線型代数は、現代における統計学や機械学習・ＡＩの基礎をも成しており、これがなければいまや自然科学も社会科学もありえない。

線型代数は、その草創期にはかなりマイナーな分野だったと思われる。現代的にみれば、線型代数の主役は線型写像というものである。これは、動き・変換のなかで最も計算に乗りやすいタイプのものであり、より一般的な動きや変換というものを線型写像として「表現」するということが非常に重要になっている。動きや変換の方に軸足を移すという数学や数理科学の大きな流れが、線型代数をメインストリームに押し上げていったのである。

この「量子確率論」あるいは「非可換確率論」と、「古典確率論」との相違を、もうすこし丁寧に説明してみよう。いったい前者と後者の本質的な違いはどこにあるのか。それは、後者が「あらかじめ与えられた」確率空間にもとづいているのに対して、前者はそれを前提しない、ということである。別の言い方をすれば、古典確率論はいわば「問いの順序に影響されない」つまり問いの順序が交換可能（可換）であるような状況についての確率法則に関わり、量子確率論あるいは非可換確率論は「問いの順序に影響される」状況、つまり問いの順序が交換不可能（非可換）であるような状況をも包括するより一般的な理論であるということである（これは何も古典的な確率論を貶めているわけではない。古典的な確率論でしか成り立たないような定理も多々ある）。非可換性は量子論の数学的構造の核心をなす一方、人間の思考というものもまたしばしばこうした様相を呈するのであり、したがって古典的な確率論からみると「不合理」としか思えない側面をもっているのである。

確かに人間の思考には通常の意味で不合理な側面は多々ある。しかし、古典的な確率論で解釈できないからといって、それを不合理と決めつけて良いのだろうか。進化論的に考えても、古典的な確率論をはみ出す範囲にもある「合理」がありうるだろう。その「理」をモデル化するために、量子論の数学的構造の核心を用いることができるのではないか？　というのは自然なアイデアと言えるだろう。実際、このようなアイデアにもとづいた研究も積み重ねられてきているし、意思決定論・ゲーム理論等への斬新な応用の方向性も示されている（一例をあげれば、有名な「囚人のジレンマ」からの「抜け道」が量子論の数学的構造を用いて可能になるという研究などもある[10]）。

ここまで、量子確率論あるいは非可換確率論のような量子論の数学的構造が、量子現象のみならず、人間レベルの現象のモデル化においても役立つことを述べてきた。繰り返しになるが、ここでは決して人間レベルの現象の核心が量子現象に還元できるといった強い主張をしたいのではないし、もちろん「電子も人間と同じように自由を感じている」といった擬人観的な主張をしたいわけでもない。むしろ、量子レベルの現象と人間レベルの現象が十分に異なっていることを踏まえた上で、その間の「本質的な同じさ」の核心を捉えようとしているのである。なぜなら、量子現象も人間現象も同じ「現実」の出来事であり、そうである以上、その双方を記述できる普遍的な仕方があるはずだからである。（でなければわれわれは古い物心二元論を暗黙のうちに前提し続けることになるだろう。）

その核心とは、数学的には量子確率論あるいは非可換確率論によってはじめてモデル化できるような、「あらかじめ選択肢の集合や重みが与えられている」という仮定が成り立たないタイプの非決定性、すなわち「不定元としての現実」ということである。われわれが常に、そして時々刻々と新しく直面し続けるこの現実は、量子場のレベルから人間のレベルに至るまで、「問いがなければ答えがない」という構造=出来事に貫かれているということである。たしかに決定論的なモデルは、現実のある側面を理解する上で役立つ。しかし、それはきわめて限定的な状況に限られるのであり、一般的には確率論的なモデルによらなければならない。それどころか、通常の確率論をも超えた「量子確率論」や「非可換確率論」すら必要になることがあり、しかもそれは何も原子以下のレベルにおける特例ですらないのである。

まとめるならば、非可換確率論で記述できるような現象は、決して量子レベルの現象に限定されるわけではなく、むしろ現実の一般的なあり方により近いと考えられる。そのなかのごく限定された現象だけに、古典的な確率論が成り立つ。その古典的な確率論のごく特殊なケースが決定論である。つまり決定論や古典的な確率論は非可換確率論の特殊ケースと見なすべきであり、決定論や古典的な確率論を主として、そこから外れる例外を非可換確率論で記述しているわけではない。これは「現実観」に関する問題として言いなおせば、量子論のような「例外」はあるにせよ（そしてもちろん「原理的には」古典論は量子論の近似であると認めながらも）基本的に現実は決定論的であるということこれまでよくあった現実観に対して、現実は基本的に非決定論的であり、ごく限られた領域において決定論が妥当するという現実観が提示されるのである。

当然、ミクロの領域のみ非可換確率論のモデルが有効になるのではなく、マクロのスケールにおいてそのような領域が存在してもまったく不自然ではない。ミクロは非決定論的で、マクロになるにつれてだんだん決定論が妥当するようになるという単線的な構造を示しているのではなく、むしろ、より決定論的な層とより非決定論的な層とが入れ替わりつつ積み重なっていると見るべきかもしれない。たとえば量子現象、生命現象や意識現象といったものはスケールを異にする非決定論的な層と言うこともできるだろう。しかし、現実をパッチワーク的に捉えて満足しようというのではもちろんない。実際、非可換確率論は、量子現象、生命現象や意識現象といったものを、「まったく無縁なもの」と割り切るのでもなく、かといって強引に同一視するのでもなく、異なる領域におけるより一般的な共通構造が存在するという形で捉える可能性を示しているのである。

要するに、「決定論的な世界のなかに量子論で描かれるような奇妙な「例外」があり、その知られざる効果によって生命性や意識というやはり特殊なものが可能になっている」といった現実観よりも、「現実の一般的な構造が非可換確率論で描かれるような性質をもっているので、それが量子現象にも生命現象にも意識現象にも妥当する」という現実観の方がより自然であるとわれわれは考えているのである（この点の詳細に関してはコラム3参照）。

コラム3 量子古典対応

非可換確率論をベースにするような見方を提示したが、そのなかでどうやって古典確率論で描かれるような現象が「特殊ケース」として可能になるのか、という点に読者は疑問をもつかもしれない。もしそれが単に「例外」であると言うなら、ベースと例外を入れ替えただけで、古典論をベースとするような現実観と構造は同じであり、「現実の全体像を描きなおす」という点に関しては、問題の解決になっていないからである。

実は、ある種の条件のもとで「スケールに比して非可換性の効果が消失する」という構造を非可換確率論の枠組みで捉えることが可能であることが知られている。これは量子論の黎明期に理論構築の導きとなった「量子古典対応」という考え方の一つの実現となっている。(これについて西郷は「調和振動子」と呼ばれる系およびその一般化された系に関して、きわめて代数的・組み合わせ論的な方法による証明を行った[11]。また、小嶋泉はこの「量子古典対応」の考えを圏論的な思考の枠組みにもとづく「ミクロ・マクロ双対性」という形で定式化している[12]。)量子古典対応は、古典的な確率論から決定論的な構造がある程度導出される仕組みとしての「大数の法則」「中心極限定理」などとも共通の部分をもってはいるが、全体としてかなり異なった側面を有する。なお、非可換確率論においては「独立性」の概念自体が多様化するため、古典的な場合の中心極限定理とはまったく様相の異なる極限定理が多数存在することが知られている。[13]

一方、スケールに比して非可換性の効果が消失しないケース、あるいはむしろ「増幅する」ケースも存在しうる。「巨視的量子効果」と呼ばれる興味深い現象をはじめ、非可換性の非消失や増幅を非可換確率論的に捉えることも興味深いテーマといえる。もし量子性と生命性の間に「直接の」関連が見出しうるとすれば、このような水路を通じてであろうと西郷は推測するが、ここでは断言を避ける。

少し専門的になったので、より一般的・哲学的な観点から言いなおしておく。現実一般が非可換確率論で描けるようなあり方をしているとしたら、そのなかに古典的な現象が現われてくるということは、非可換性をもつ現象のなかで、非古典的な性質が一部相殺されていることとして理解できる。自分のなかで、自分の性質を一部消すような動きが現実のなかに起こっている。このように考えるなら、現実のなかに全然性質の異なる二つの部分があると考える必要はなく、同じ一つの現実のなかにある動きの効果として、非可換性と古典性を理解できる。[14]

4　自由の方から現実を捉えなおす

出発点としての問い——自由な変換可能性としての普遍性

本書で論じてきたことを踏まえて、非可換確率論の位置づけ・理解の仕方について一言述べておこう。前節では、非可換確率論を手がかりに現実像を描きなおしてきたが、非可換確率論が究極的な「法則」として一切の答えになるというわけではない。こうした「量子確率論」あるいは「非可換確率論」ですら、確率的な「法則」を扱うものである以上、必ずその前提には「異なる現象の間の同じさ」の設定ということがある。その設定は、問題意識に応じてわれわれが主体的に設定するのであって、あらかじめ絶対的に正しい設定の仕方があるのではない。まさに「非規準的選択」なのである。この意味で、法則は非規準的選択によっているのである。

これまでの章を読んでいただいた読者には明らかだと思うが、「主体的設定」とは言っても、好き勝手に法則を生み出す（捏造する）ことができるわけではもちろんない。そうではなく、法則というものは、必ず「問い」に対する「答え」として見えてくるのであって、何の「問い」にもよらずに法則がただあるということはない。その法則が語っている現実は、ある意味で「すでにある」と言ってもよいが、それについて語る法則が一つの形をとるには、われわれの側で現実に対して「問い」を投げかける必要がある。「問いがなければ答えがない」という構造＝出来事は、すべてのレベルにおいて貫かれている。それゆえ、法則というものが生まれる場面に即して言うなら、そこでは「自由」というものが欠かすことのできない役割を果たしていると言うことができる[15]。

「問う」ことに関しては、われわれの自由な関与が欠かせない。しかし、ひとたび問うたならば、それに対して与えられる答えを恣意的に操作することはできない。そこにある種の普遍性や確定した形が現われてくる。その普遍性は、特定の問いに対する答えだけを見ていては、明らかになってこない。

たとえばユークリッド幾何学でいえば、円と三角形は「異なる」。しかし、トポロジー的に言えば、それらは「同じ」である。ここで、円と三角形は「異なる」あるいは「同じ」という答えだけを見ていたら、それらは不統一であり、何らの普遍的な法則性も見えてこない。もちろん、どういう「同じさ」の設定をするのかという基準を定めたときには、その答えはそれぞれ普遍的である。とはいえ、それはそのように「同じさ」を定めたという条件の下での普遍性にすぎない。ここからさらに、「基準を変更したときにどのように答えが変わってくるか」というあり方に着目するなら、それらの様々な幾何学をより普遍的に見る視点が得られてくる。これはクラインの「エアランゲン・プログラム」や、ヒルベルトの『幾何学の基礎』で実際に行われた展開であり、現在に至ってもそのような意味での普遍性が追求され続けているのである[16]。

要するに、問いが変換されればそれにともなって答えも変換される。個々の答えそのものにこだわるということは、そこで見出される普遍性が限定されたものであるということに、気づいていないということである。むしろ「問いが変換されればそれにともなって答えも変換される」ということの変換構造の方に目を向けていくならば、ある答えを絶対的な答えであると信じ込みそれに固着する態度から離れ、より自由であるにもかかわらず、いやむしろより自由であるからこそ、真に普遍的なものに触れていくことが可能になるのである。一つの形に固着しているような普遍性は仮初めのものであって、そこからの自由な変換可能性のうちにこそ、普遍性の核心があるとわれわれは考えている。

第三章で述べた自然変換についての議論を思い出そう。「現われることの数学」としての圏論の核心である自然変換は、関手の間の変換関係として定義された。言い換えれば、自然変換は「関手の置き換え可能性」を表現するものであり、「個々の関手」に固着するものではなく、むしろ固着するかぎりは決して捉えられないものである。実際、後から振り返ってみれば数学的なモデルというものは関手として捉えられるが、個々の関手「のみ」を問題にしているかぎり、自然変換は（実際には数学の起源から縦横無尽に用いられていたにもかかわらず）見えてこなかったのであり、数学が普遍性をむしろ変換関係において見出すようになってはじめて「発見された」のであった。

一方で、自然変換を定義するためには関手を定義する必要があったことからも明らかなように、「個々の関手」を離れて自然変換が意味を有するというわけでもない。関手という個々の現われに「依る」ことなしに自然変換を捉えることもまた不可能なのである。圏論は、このような「個々のものに固着するのでもなく、個々のものを忘れ去るのでもない」という思考の可能性を数学の分野において示したのであるが、すでにわれわれが論じてきたように、このような思考は狭い意味での数学においてのみ有効なのではない。「自由な変換可能性としての普遍性」という捉え方により、決定論がその典型であるような「現実を「一つのモデル」のなかに閉じ込め、自由の役割を見えなくする強い傾向」に対して、「自由の方から現実を捉えなおす」可能性が開かれてくるのである。

普遍性は自由から切り離せない

第3節では現実観の描きなおしを試み、非可換確率論が、ミクロなレベルのみならずマクロなレベルにおいても妥当する普遍的な枠組みであるということを述べた。それを受けて、本節では、このような現実の普遍的なあり方が、主体的な「問うこと」から切り離されてはありえないということを、さしあたりロジカルな面から述べてきた。次に、この点をさらに掘り下げて、より実践的な面から考えてみたい。

われわれが「法則」というものを考えるときに、われわれ自身が「問う」ということなしには、いかなる答えも定まらない、ということを強調したが、このこと自体、「法則を考えること一般」に対する「問うこと一般」という仕方で、一つの一般的な構造を述べる形になっていた。しかしそこで満足して、現実の普遍的な一般構造をつかんだつもりになり、その一般的な構造自体が、実体的に存在しているかのように考えてしまっては、元の木阿弥である。[17] ここで見出された構造自体が、西郷‐田口の問いに応じて見出されてきたものであり、もし読者が、そこに何か意義のあるものを見出すとしたら、それは読者の問いに応じて現われてきた事柄であるということになる。もし読者がこれに反発を感じ、それとは異なる仕方で考えることを試みたとしても、それはまた読者の問いに従う一つの「答え」ということになる。したがって、その場合でも、われわれが述べようとしていることを裏書きしていることになる。それゆえ、ここで述べようとしていることは単なる相対主義ではない。問うということが「個別的」で「オリジナル」でしかありえないにもかかわらず、そのこと自体が一種の普遍性の実現でもある。

ここでは、考えるわれわれ（あるいは私）自身が、「問う」という活動を通して現実の普遍的なあり方自体のうちに巻き込まれているということ、あるいはむしろ、「問う」という形で現実の普遍的構造に参入し、その構造自体を成立させる一要因となっているということが見えてきている。静的に成り立っている普遍的構造のなかに、問うものとしてのわれわれが単に（自由度のない）項として組み込まれているということでもなく、現実の一切がわれわれによって恣意的に（単に相対的に）決定されるというわけでもない。われわれが「問う」ということは、決定論的な法則や構造に絡め取ることのできない、型にはめることのできない「自由」から生まれ出てくる。

非規準的選択を思い出してほしい。いかなる数学的「真理」もできあがった数学のなかに取り込むことのできない非規準的選択から生まれてくるということを、第二章で論じた。しかも、非規準的選択が自己自身を消すことによって、数学のもつ整合的なシステムが立ち現われてくるのであった。同じことが、さらに、このことを論じているわれわれ自身の「問うこと」と「答えること」にも再帰的にあてはまる。何らかの「答え」を書き連ねたときには、「問うこと」はすでに自らを消去している。「問うこと」なしにはいかなる答えもありえないのだが、そのような「問う」という出来事自体が、それ自身を消すことによって、はじめて「整合的」で「普遍的」な現実の構造について語りうるようになるのである。

「問う」ということは、個別的で具体的でしかありえないとすでに述べたが、「問うこと」自身が自らに固着することなく、個別的で具体的なものとしての自らを消すことによって、何らかの範囲で「何にでもあてはまる」ような普遍性が獲得される。ここでは「自由」が幾重にも働いている。「問うこと」は自由から生まれてくるが、「問うこと」は自らの個別性に固着することなく、そこから自由になることによって、一つの答えを導き出す。その答えは、「問うこと」の個別性に依存せず、（ある範囲内では）何にでも自由に適用可能になる。「つかむ」ことによって普遍性が手に入るのではなく、むしろ「つかんでいる手を放す」ことによって普遍性のなかに解き放たれるのである。

といっても、単に何もつかまず一切をバラバラのまま放置することを推奨しているわけでもない。むしろ、ある種の「変換関係」に着目することによって、われわれはよりいっそう自由になれるのである。一切が乱雑で無関係な状態にあるとしたら、個々のものは、自分のいる場所にとどまるしかない。自らの個体性を離れることができない。これに対し、「変換」という関係が成り立つならば、個体Aは個体Bに「成り代わる」ことができる。これが「置き換え可能性」とわれわれが呼んできたことである。この「置き換え可能性」によってこそ、個々のものは個別性を超えてゆく自由を手に入れる。数式でいえば、イコールということが成り立つことによって、式変形を通じてあるものが思ってもみなかったような姿に変身する。それによって解けなかった問題が解けるようになる。

このイコールの由来については第三章で議論した通りである。それは結局「自然変換」である。先ほどの式変形による「変身」というのは、ある関手から別の関手への自然変換が構築されることにほかならない。われわれの言う「手を放すこと」によって普遍性が得られるというのは、しばしば静的に捉えられるその普遍性というものが、より動的な自然変換として生成するということなのである。[18] ここで言われている普遍性とは、固定的な枠組みであるより、まさしく動きそのものなのであって、むしろ固定的な枠組みとして見てしまった瞬間に、その普遍性は失われるのである。いいかえれば、この動きの「自由さ」を抑圧した途端に、普遍性は見えなくなる。

こうしてみると、しばしば対立的に捉えられる普遍性と自由というものは、かぎりなく一体であることが見えてくる。そしてこの「自由」とは、確定的な法則のなかに取り込むことができず、それらから切り離すこともできない動きそのものであり、「問うこと」はつねにこの動きに参与している一つの契機である。問題は、「問うこと」がどこまで「自由そのもの」に関わっているかである。

自由に問うことと答えることとしての実践

ここで重要なのは、「自由」もまた、論じられたときには、もうすでに一つの抽象的概念として扱われてしまっているということである。つまり、「自由」というものが、静的に成り立っているかのように扱われる危険がつねにある。しかし、自由はそのようなものとしてはありえない。自由は具体的な自由としてしかありえない。ある個別的で具体的な立脚点・出発点があり、しかもそこにこだわらずに、それとは異なる何かへと具体的に進むことにおいてのみ、「自由」と言いうるような事柄が現われてくる。抽象的な「自由」とは自由ではなく単なる無規定性である。一歩を進めることの絶対的な非規準性、何であるかは指定されていないが、何かをつかみ、何かに決めることこそ、具体的な意味で「自由」と呼びうる事柄である。

この具体的な一歩一歩が、まさに「どうするのか?」「どこへ進むのか?」という実践的な問いに対する答えなのである。第二章で述べた非規準的選択とは、「どうするのか?」という問いへの答えである。この問いがなければ、それは単にランダムな事象にすぎなくなる。単なる非決定性だけでは、まだ自由とは呼べない。「どうするのか?」という問いを発するということが、単なる非決定性から自由を区別する。「どうするのか?」という問いを自ら立て、それへの答えとして一歩を踏み出すところに、単なる非決定性ではない自由が立ち上がるのである[19]。

ブッダの同時代人であるサンジャヤ・ベーラッティプッタは、不可知論者、あるいは懐疑論者として知られる人だが、「いかなる見解についても意見を確定しない」ということによって、解脱、すなわち心の自由が得られると説いた。しかし、それは答えないというだけではなく、問わないということ、問いをすべて無効にすることである。そこにあるのは単なる非決定性であり、自由とは似て非なることである。そこから帰結するのは「何もしない」ということである。つまり、そこからは「実践」ということが抜け落ちる[20]。

実践という観点からすれば、「何もしない」ということも一つの決定である。だから、一切について何も決めないということは、「何もしない」というただ一つの単純な決定をどこまでも一律に適用するという頑迷さを意味するとも言える[21]。だとすれば、それは自由とはほど遠い。実際に、何も決めずにだらりとしたままでいるなら、生存は不可能である。異常な例外を除くなら、人間は生きているかぎり何らかの実践を行わざるをえない。この「何かをする」ことにおいて、いわば「動き」において、はじめて自由ということが意味をもってくる。それはつねに、われわれがそのなかに生きている現実がわれわれに迫ってくるのに対して、「どうするのか？」という問いを自ら立て、それに何らかの仕方で答えようとする営みである。

こうして、自由とは単なる非決定性ではなく、問いに対して答えようとするところに成り立ち、それは不可避的に実践を伴うということが見えてきた。ここで、われわれの言う「自由」が現実の核心に関わっているとすれば、現実の核心に決定的な仕方でわれわれの実践が関わっているということになる。

実践の外に確定した現実があるわけではない。かといって、単なる相対主義を主張しているわけでもない。実践の只中にこそ普遍が立ち現われる。実践が非規準的選択ないしわれわれの言う意味での「自由」という意味をもつならば、実践こそまさに普遍性の核にあると言っても言い過ぎではないのである。そして普遍的であるためには実践的でなければならない、ということもまた妥当する。

5 なぜこの論を完結させてはならないか——実践の自己消去と普遍性

ここで、自由な実践ということが現実の核心に関わっていることが見えてきたが、依然として「自由な実践というもの一般」について語っているように見えるかもしれない。だが、「自由な実践一般」というものはない。自由な実践とは、それが真に自由であるかぎり、ある**具体的な場面**における、**誰かの**実践であるほかない。すでに述べたように、単に抽象的な自由とは単なる無規定性・非決定性にすぎない。具体的な場面で、まさしく「この私」がどう決めるかを問われる、という場面で自由が立ち現われてくる。しかし、このように「論じる」ということそれ自体が、通常はもうすでに「誰にとっても妥当するように語る」ということなので、いくら個別性や具体性について語っても、それはただちに普遍的で一般的な言明に吸収されてしまう。

ここで読者は、このような構造＝出来事が本書のなかですでに語られていたことを想起するかもしれない。それは、第二章から折に触れて論じてきた「非規準的選択」である。数学という普遍的なものは、何かある特定のものを「選ぶ」ことによってしか始まらない。その意味で、数学はそのような「選択」、あらかじめ決めておくことのできない「非規準的選択」に依存していると言えるのだが、そのことが数学の普遍性を損なうことはない。むしろ、そのような「非規準的選択」こそまさに普遍的な「置き換え可能性」を開くのであり、その意味で「普遍性の条件」になっている。しかし、この条件を固定化し、普遍的なシステムのなかにその一項として取り込むことはできない。むしろ、非規準的選択は、普遍的なシステムとして実現されたもののなかからは、「自分自身を消す」。非規準的選択は、普遍的な置き換え可能性を立ち上げつつ、そこから「自らを消す」ことによって、普遍性を浮かび上がらせている。

これと同じことが、いまここで、現実について普遍的に「語る」ということに関して再び問題となってきている。誰かが、何かを、具体的に「言う」ことによってしか、現実の普遍的なあり方については、何も明らかになってこない。では、「言う」ことの具体性や個体性が、「言われたこと」の普遍性を損なっているかといえば、そんなことはない。「言う」ことによって、まさに現実の普遍性が普遍性として姿を現わすのであり、この意味で「言う」ことは現実の普遍性の条件である。しかし、この「条件」を固定化して、そこで言われた普遍的なシステムのなかに、固定的な項として取り込むことはできない。もしそうしようとすると、そこで言われようとしていた「普遍的なもの」は、かえってその普遍性を失う。なぜなら、そのような試みは、普遍性の核心である置き換え可能性を廃棄し、特定の出発点を絶対化することになるからである。「言う」ことは、個体的な私による具体的な実践であるほかないが、その不可避的な出発点が、その不可避性にもかかわらず、自らを絶対化せず、むしろ単なる一つの出発点として、自らの特異性を置き換え可能性のなかに「消してゆく」のでなければならない[22]。

ここで現実とその普遍的なあり方について語っているのは西郷－田口であるが、この論が普遍的な議論として成り立つためには、西郷－田口は（少なくとも議論の表面からは）「消え」ねばならない。西郷－田口が「消える」ことによってこそ、この論が論として成り立っている。ここまで含めて、はじめてここで言おうとしていることは一貫する。自らの特異的な成り立ちを自ら「消す」言説こそが真に普遍的でありうる。というよりは、「言説」というものはつねにそういうものであると言うべきであろう。

一般的には、非規準的な「言うこと」が消えてしまった後に残るものが普遍的であると多くの場合考えられているのだが、われわれの言いたかったのは、消えてしまった後のものに普遍性があるのではなく、「言うこと」が「置き換え可能性」を開きつつ、まさにその動きによって自ら自身の特異性を消すということ、この構造＝出来事そのものが普遍性を体現しているということである。言ってみれば、それこそが普遍性の生命である（それなしには普遍性は形骸化し骨抜きになってしまうという意味で)。

だからわれわれは、ここで論を「閉じ」たくないのである。論を論として「完結」させることによって、われわれは自分たちのやろうとしていることを裏切ってしまう。むしろここでやろうとしているのは、特異な出発点としてのこの書物そのものを「消す」ということである。この書物は、「消える」ことによってこそ、その役割を果たす。ここで「論じる」ということそれ自体のあり方を論じているのは、そこで論じられていることを固定的なもののなかに閉ざそうとする一般的な傾向性に抗い、そこから出るためである。論を固定的なあり方のなかに閉ざすことは、置き換え可能性を閉ざし、普遍性への参入を不可能にする。この書物が普遍性について語り、現実のなかでの普遍性の実現に寄与しようとするなら、この書物自体が一つの完結した論として固定化されてはならない。それはむしろ自らを「消す」のでなければならない[23]。

あなたがいま眼にしているのは、おそらく本書の抜け殻なのであろう。

附論　非可換確率論から合理性のより深い次元を探る

本文において少し触れた人間レベルにおける「非可換確率論」的構造に関して、興味深い事実が知られている。いわゆる「囚人のジレンマ」における人間の現実の意思決定のあり方が、古典的な確率論ではモデル化できない、というのである。

囚人のジレンマとは、もともとは二人の互いに連絡の取れない囚人が自白するか黙秘するかという意思決定において、「それぞれの囚人が各々にとっての「最善の戦略」をとろうとするならば、結果的には二人ともにとって「最善ではない」決定をすることになる」というものである。詳細を剝ぎ取って言えば、それは次のようなゲームの設定において説明できる。(24)

今、あなたと誰かが次のようなゲームをするとしよう。このゲームは、大変単純なゲーム（そして日常的に言えばあまりにつまらないゲーム）であり、二人とも、「相手と敵対する」か「相手と協力する」か、二つの手だけが取れるとしよう。ここでは、ゲームは一回きりとしよう。このとき、以下のような形で、あなたと相手がポイント（報酬）を得るとする。お金と思ってもらっても良い。

さて、このゲームのプレーヤーであるあなたとしては（そして相手にとっても）できるだけ多くのポイントを得たいとしよう。このとき、あなたは相手に協力するだろうか、あるいは敵対するだろうか。

「合理的」な思考は、おそらく次のように進むことだろう。相手は協力するか、敵対するかいずれかだ。二つの場合に分けて考えよう。

	相手　協力する	相手　敵対する
あなた　協力する	あなた　75点 相手　75点	あなた　25点 相手　85点
あなた　敵対する	あなた　85点 相手　25点	あなた　30点 相手　30点

表　「相手と協力するか」「相手と敵対するか」

①相手が協力する場合。このとき、あなたは協力すれば75点、敵対すれば85点を得ることになる。どちらが得か？もちろん敵対する方である。したがって、この場合には「敵対する」が正解となるだろう。

②相手が敵対する場合。このとき、あなたは協力すれば25点、敵対すれば30点となる。①に比べてだいぶ景気の悪い話ではあるが、やはり敵対した方が5点の得となる。したがって、この場合にも「敵対する」が正解となるだろう。

このように、このいずれの場合にも、「敵対する」が正解となる。よって、「当然にも」、相手の出方がわからない場合にも、「敵対する」が「正解」となるに違いない。
この「当然にも」というところを一般化したものが「当然原理」(Sure-thing principle)と呼ばれる原理で、

世界がAであるとき、戦略①が戦略②よりも優れており
世界がAでないときも、戦略①が戦略②よりも優れている
ならば
世界がどうであるかわからない場合、戦略①をとるべきである

という、意思決定においてはほとんど疑い得ないと思えるほど当たり前の原理である。この原理からすれば、あなたも(そして相手も)戦略①をとるべきであり、したがって、「正解」は両者が相手に敵対して「30点を得る」ということになるだろう。

ここまでは何の問題もないように思える。しかしよく考えてみると興味深いことに気がつく。もしも互いに「協力する」を選んだならば、両者は75点を得られたはずなのである。すなわち、この意味では、「30点を得る」よりもずっと得のはずである。そして、もし両者を「一つの集団」と考える場合には、これが集団にとっては最善の選択であったはずなのである(個々のプレ

ーヤーがこれ以上得をするには相手に損をさせなければならないという意味、つまり「パレート最適」の意味で）。したがって、この囚人のジレンマが鋭く示すことは、「個々のプレーヤーにとって最善の戦略を「合理的」に選択した結果落ち着く先（ナッシュ均衡）は、プレーヤー集団にとって最善のもの（パレート最適）ではないことがある」ということである。

さて、この囚人のジレンマは、ゲーム理論の「古典中の古典」とでもいうべきものであり、幅広い分野において多くの研究がなされてきたが、そのなかでわれわれの主題に深く関係する非常に興味深い研究が、Shafir & Tversky (1992) においてなされた[25]。彼らは、この囚人のジレンマのゲーム設定を、「不確定性のもとにおける人間の意思決定」を調べるために用いたのである。

彼らは、現実の被験者たちを、先ほどの「あなた」の立場において意思決定してもらうことにした。その際、次の三つの条件のもとで、それぞれどのような割合で「敵対」ないし「協力」を選ぶか調べたのである。

結果は次の通りであった。

1：相手が「敵対する」ことが確定しているとの情報が得られた場合。このとき、九七パーセントの被験者が、「敵対する」を選択した。つまり「協力する」は三パーセントであった。

2：相手が「協力する」ことが確定しているとの情報が得られた場合。このとき、八四パーセントの被験者が、「敵対する」を選択した。つまり「協力する」は一六パーセントであった。

ここまでの結果は、多くの読者にとって納得できるものであろう。いずれにしても「敵対する」は多数となった。特に相手が「敵対する」と確定している場合には、ほとんど全員が「敵対」を選択した。また、相手が「協力する」と確定している場合にも「敵対する」が多かったが、その割合は若干少なくなっている。これらの結果は、少なくとも少数の人にとって「敵対する」こと自体が好まれないことを示唆し、人間の社会性に関する議論の参考となると思われるが、それよりさらに驚くべきは次の結果である。

3：相手が「敵対する」か「協力する」かが「不確定」である場合、「協力する」は三七パーセントに上った。

これは、非常に示唆的な結果である。すでに見たように、当然原理にもとづいて「合理的」に最善の戦略をとるとするならば「敵対する」はずなのだから、実に三七パーセントもの人々が当然原理にもとづかないという意味で「合理的ではない」選択をしたことになる。すぐに思いつくのは、倫理的な要請からそうなったのではないか（相手が「協力する」を選んだのに「敵対する」

を選ぶのは一種の「裏切り」ともいえるだろうから）という仮説であろうが、これでは説明がつかない。というのも、もしそうであるならば、相手が「協力する」と確定している場合（つまりケース2）において「協力する」割合が最も高くなり、「不確定」（ケース3）がそれより小さくなると考えられる。にもかかわらず、「不確定」な時こそが協力を選ぶ割合が高かったのである。

これは一体何を意味するのだろうか。Shafir と Tversky は、おおむね次のような解釈を行っている。すなわち、「自分が協力すると選択することによって（実際には連絡の取れない相手の）選択に影響を与え、相手が協力する選択をしやすくなるような「気がする」」のではないか、という解釈である。これはいかにも「不合理」な意思決定であり、人間にはある種の「魔術的な思考」を行う傾向があると彼らは論じている。

このように言うと、不確定な状況で「協力する」を選ぶということは、ネガティヴな意味しかもたないように思えてくるが、本当にそうなのだろうか。これだけ多くの人がそのような選択をするのだとすれば、そこには何か「意味」があるのではないか。まったく「非合理な」選択をするタイプの人々が、進化の歴史を通してこれだけ多く生き残っているということは考えにくい。そこには、われわれが普通考える狭い意味での合理性、単に計算によって結果を求めるような合理性とは違うタイプの合理性があるとは考えられないだろうか。われわれはいつも、考えられる結果を数え上げた上で、それらを冷徹に計算して意思決定しているわけではない。そのような「合理的な」頭の働かせ方をせずに意思決定していることの方がはるかに多いのではないか。それでも社会が曲がりなりにも大きなシステムとして維持できているのは、計算論的な合理性によらないある種の「合理性」が、場合によってはよりプリミティヴな合理性として働いていることによっている可能性がある。

自分と他人をそれぞれ一つの「コマ」と見て、それらの間で行われるゲームとして状況を把握し、ありうる可能性を列挙して自分の行動を決めるような思考のモードは、われわれの日常生活のなかでは比較的稀であり、自分の損得を冷徹に計算するような限定された場面でしか出てこない。圧倒的に多くの場合、われわれは別のモードで意思決定を行っているのであり、そこから特殊な場面で「モードの切り替え」を通じて「計算モード」に移っているように思われるのである。「囚人のジレンマ」の設定は、まさにそうした「計算モード」への移行を誘発するような設定である。「相手が協力して、自分が協力したらこうなる」「相手が敵対して、自分が協力したらこうなる」……と、それぞれのケースを想定して、それらの間で、自分の損得を見極める。先ほどのケース1や2のように、相手の出方がわかっている場合、つまり状況が「確定」してそれらが同一平面上に並べられているような場合、われわれはほぼ間違いなく「計算モード」にしたがって意思決定を行うだろう。

しかし、ケース3はどうなのだろうか。相手の出方はわからない。ここには不確定性がある。ここで二つの対処法がある。

（A）依然として「計算モード」を維持し、わからないながら、「相手が協力する場合」と「相手が敵対する場合」とを場合分けして、結果を計算するという方法。

（B）「相手の出方は不確定なのだから、計算しても仕方がない」ということで、モードそのものを切り替えてしまうという方法。

「囚人のジレンマ」の場合、不確定とはいえ、相手の出方は協力か敵対かの二つに絞られるので、計算モードを貫徹する余地は十分にある。むしろ、ゲームの性格上、そちらに引きずられる可能性は高い。現に、不確定な場合でも、六三パーセントの人は冷静に「敵対」を選んでいた。

これに対し、日常生活においては、相手の出方が少数の選択肢に絞られる場面などというものは限られている。圧倒的多数の場合、相手がどのような行為に出るかについては無数の可能性があり、不確定性は短い時間内での計算によっては到底不可能なほど大きい。そのような状況下では、先に「計算モード」と呼んだものとは別のモードによって意思決定を行っている可能性が高い。「囚人のジレンマ」のなかで、「不確定」な状況に出会ったとき、三七パーセントの人は思わず日常における不確定状況と同じ種類のモードで意思決定を行ってしまったという可能性はないだろうか。

通常「合理性」というときには、ここで「計算モード」と呼んでいるような合理性が意味されていることが多い。しかし、もしかしたら、それとは異なる、場合によっては「より適用範囲の広い」合理性が、先に見たような一見「不合理な」意思決定のなかに含まれている可能性がある。すなわち、通常いうところの「合理性」はあまりに狭い概念であって、単に「不合理」に見える意思決定の背後にも、一貫した合理的な構造があるのではないか、ということである。

実は、そのような構造を理解する上で、非可換確率論（量子確率論）が適用可能なのである。先ほど触れた「当然原理」は、いわば古典的な確率論における「制約」であって、より広い非可換確率論の文脈では、必ずしも前提できないものである。実際、量子論において用いられる数学的な枠組みを用いることによって、ケース1、2、3の結果を非常によく再現する一貫した数理モデルが構築できるのである。(26)

ここで「一貫した」という部分が気になる読者もいるであろう。先ほどは、「計算モード」と「そうでないモード」との二つがある可能性を示唆したのに、それが「一貫したモデル」によってモデル化できるというのが奇妙に思われるかもしれない。しかし、それは実は自然なのである。すなわち、非可換確率論的な構造が背後に一貫して存在しており、その特殊ケースである「計算モード」に対応する文脈においてのみ、古典確率論が妥当するということである。これは、ちょうど、第一章の冒頭において触れた「二重スリットの実験」を想起してもらえばわかりやすいだろう。すなわち、一方のスリットを閉じて一方だけを開いた場合には、それぞれ、古典的な見方でも何の不思議もないような確率分布が現われる。しかし、「両方のスリットを開ける」という実験状況によって現われる確率分布は、各スリットの一方のみを開けたときの確率分布を古典的に混ぜ合わせたものとはまったく違っているのである。すなわち、スリットAのみを開けるとき（Bを閉じたとき）の話と、スリットAを閉じたとき（そしてBを開けたとき）の話の二つから、「両方を開けたとき」の話がそんなに簡単には導かれないということなのである。「片方を開けたとき」のモードと「両方を開けたとき」のモードは異なっているのである。そして、それらの異なるモードをともに含んだ一貫した構造は、古典確率論においては記述できず、非可換確率論においてはじめて記述できるのである。非可換確率論は、その特殊ケースとして、考察すべき量がすべて「可換」な場合をも含んでいるが、そのような特殊例に限っては古典確率論の予測と一致する。しかし、二重スリットの実験に関しては、考察すべき量のなかに非可換なものが入っているために、すべてを古典確率論によってモデル化することが不可能となるのである。

実は、二重スリットの話は、単なるたとえ話以上のものである。読者はすでに、上記の二重スリットの実験の構造が、「当然原理の破れ」と関係しそうだと気づかれたかもしれない。まさにその通りであって、当然原理というのはいわば「不確定なモード」の話を「確定したモード」の話へと古典確率論的な法則を通じて還元可能であることを意味する。当然原理の破れは、むしろ非可換確率論的な立場からはむしろ一般的な状況なのである。

ここで、本文において述べた「非可換確率論」のエッセンスを思い出すならば、それは古典的な「確率空間」があらかじめ確定していないような非決定性をモデル化するための確率論であった。すなわち、選択肢やその選ばれやすさの重みづけ自体が、「そもそも確定していない」という、きわめて強い意味で非決定論的な状況を扱うための枠組みだったのであった。だとすれば、この不確定状況における囚人のジレンマの実験が示唆するのは、まさしくわれわれの意思決定が、一般には古典確率論的な「合理性」に還元することのできない、「選択肢すら確定していない」という状況にも対応するような構造に支えられているのではないか、ということである。すなわち、上に述べた「計算モード」とは異なるモードが、きわめて重要な役割を果たしているのではないか、ということが見えてくるのである。

このことは、人間同士の相互関係について（事実に忠実に）考えてきた研究者にはある程度洞察されていたことだと言えるかもしれない。たとえばニクラス・ルーマンは、『信頼』という著書のなかでこう言っている。経済学において支配的であるような「純客観的で無時間的な考え方」によれば、未来の不確実性は計算の不備と考えられるかもしれないが、実際には、そのような完全な知識は、「決定を下す時点では、決定者には手に入らないのであり、しかも大抵は、一定の確率の数値としてすら、手に入らないのである」[27]。世界はコントロール不可能なほど複雑であるが、われわれはいまここで行為しなければならないのであり、決断に使える時間はごくわずかである。そこで他人がどう行為するかについて信頼しうるなら、多数の自動車が道路上でぶつからずに行き交うといった複雑な合理性が実現可能になる。あるいは、人々がリーダーを信頼することによって、信頼されたリーダーは実際にうまくやれる（複雑な事態をうまく切り抜けられる）可能性が高まる。手持ちの証拠や計算にもとづくなら、リーダーに従ってうまくいくことが確実とは決して言えない。そこで「本当にうまくいくのか？」と疑っていたら実現しえないことが、信頼することによって実現可能になるのである。つまり複雑な状況において、（決して十分に根拠づけられているわけではない）信頼は、実際にある種の合理性を実現しうるのである。

人間同士の相互作用という膨大な複雑性が、それなりに秩序だった関係のなかに落とし込まれ、まがりなりにも「社会」というものが成立するには、全部を逐一計算するというやり方に頼ることはできず、むしろ「選択肢すら確定していない」状況のなかで、それでもランダムではない意思決定を行う必要がある。そこでは、限定された状況で計算可能な「合理性」からすれば、一見「不合理」な意思決定が見られる（たとえば、損になるのがわかっているのに相手を信頼する、など）。しかしそこには、われわれが生きるより一般的な状況に対応したより一般的な「合理性」が含まれている可能性がある。少なくとも、「社会」というこれだけ複雑なものがなおも高度に秩序化されている現象を見ると、そこに計算にもとづく合理性とは異なる「合理性」のモードがあると考えざるをえない。非可換確率論を考えてみれば、それがある種の一貫した「合理性」でありうるということは、十分に理解できる。もちろんわれわれが意識してそのような意思決定を行っているというわけではないが、計算にもとづく合理性に吸収できないからといって、まったく不合理であるとはいえないということはできるのではないか。

このように非可換確率論は、それ自体は数学的な理論の一つだが、それを通して、われわれが日常のなかで直観的に理解しているある種の「合理性」――たとえば、なぜ他人を信頼しないより信頼した方がいいのか、等々――をより精確な仕方でつかむきっかけとなりうる。それによって、「合理性」という概念をもう一度考えなおす手がかりにもなるのである。

注

第一章

（1）Feynman, R., *The Character of Physical Law*, Modern Library, 1994.

（2）二重スリットの実験は、一八〇五年頃行われたトマス・ヤングによる光の波動性の検証に端を発する。粒子性も含めた実験は現代的なものである。詳しくはウェブサイト http://www.ryosi.com/qisfig/201211/ などを参照。あるいは、トニー・ヘイ、パトリック・ウォーターズ『新目で楽しむ量子力学の本』大場一郎訳、丸善出版、二〇〇七年など参照。

（3）「場（field）」の概念は（磁場 magnetic field として）、一八四五年十一月七日のファラデーの研究日誌にはじめて登場し、マクスウェルによる（ファラデーの研究にもとづいた）電磁気学の研究を通じて次第に確立していった。

（4）以下を参照。R. Haag, *Local Quantum Physics: Fields, Particles, Algebras*, Springer, 1996; Streater, R. F. and Wightman, A. S., *PCT, Spin and Statistics, and All that*, Princeton University Press, 2000、小嶋泉『量子場とミクロ・マクロ双対性』丸善出版、二〇一三年、小嶋泉・岡村和弥『無限量子系の物理と数理』サイエンス社、二〇一三年。

（5）Haag, R., op. cit.

（6）Einstein, A., *Zur Elektrodynamik bewegter Körper*, in *Annalen der Physik* 17, 1905, 891–921.

（7）「いかなる事実も否定することなしに」と言ったが、真空中の光速度が「誰にとっても」一定ということも、そこには含まれる。「誰にとって」という相対性が重要だと言っているのに、ここでまた「誰にとっても」が出てきたことに疑問をもつ人もいるかもしれないが、ここで再び視点に依存しない絶対的なものがあらかじめ想定されているわけではない。「光速度」とは、（物理学を学んだ人には自明のことだが）「電磁波の伝播速度」のことであり、電磁現象という、ミクロからマクロまできわめて広い範囲に成り立っている現象のある一側面を表している。そして「光速度が誰にとっても一定である」ということは、アインシュタインの当時、すでにマイケルソン－モーリーの実験によって確かめられていた。つまり、広範な電磁現象かられわれが実験によって切り出してきた一つの性質が、その伝播速度の一定性だったということである。問題になっているのは、つねに電磁現象全体である。その電磁現象を普遍的に理解するためには、「誰にとって」ということの本質的な重要性だけでなく、その伝播速度が誰にとっても一定であるという側面も取り込んだ仕方で理論化がなされなければならない。「光速度一定」とは、電磁現象の法則がとる一つの表れにすぎず、いわば「氷山の一角」にすぎないのだが、この一点を仮定するだけで、相対性理論の壮麗な体系が導き出されてしまうのである。

（8）フッサールが批判的に指摘した「生活世界の数学的理念化」を想起してもよい。『ヨーロッパ諸学の危機と超越論的現象学』細谷恒夫・木田元訳、中公文庫、一九九五年、第九節参照。

（9）遅延選択の実験や、ＥＰＲの思考実験（それと本質的に同じ実験が後年なされた）が挙げられる。

（10）もちろん量子論以前に統計力学など統計的な概念を利用する学問は存在した。しかし統計的法則という考えは、量子論が登場するまでは人間の理解可能性や情報の不足、技術的な制限などに結びつけられていた。しかし、量子論の発展を通じてはじめて、そのような要素をすべて度外視してもなお、統計的法則という概念が不可欠であることが明らかとなったのである。マックス・ボルン『原因と偶然の自然哲学』鈴木良治訳、みすず書房、一九八四年参照。

（11）こういうことを「相補性」という独特の言い回しで指摘しようとしたのがボーアである。『因果性と相補性』山本義隆訳、岩波文庫、一九九九年を参照。

（12）小嶋泉はそのように主張している。たとえば「代数的量子論とミクロ・マクロ双対性」（『数理科学』No.523、二〇〇七年）を参照。

（13）この活動を、かなり忠実に映しているのが、いわゆる「圏論」（category theory）の「射」（arrow, morphism）なのではないか。これについては、第三章を参照のこと。

第二章

（1）といっても、正式の数学用語ではなくジャーゴンに近いものであり、説明しようとするとnon-canonicalなものとの対比に依存していることが露わになってくるので、説明が難しい。そのあたりの難しさにはさしあたり踏み込まずに、便利な言葉として（しかも数学者の間では問題なく通用しているような言葉として）用いられている面がある。この問題に踏み込むと、まさにわれわれがここで問題にしようとしていることに突き当たるはずである。

（2）これを数学では「群」という。

（3）ここでは、「可算選択公理」など、通常の意味での選択公理よりも「弱い」公理も一括して「選択公理」と呼んでいる。

（4）「たとえどのようなものを選んだとしても」ということは、数学的には「任意の」ということである。「或る」と「任意」という異なる二つのことが、ここでさりげなく置き換えられている。実は、「選択公理」を使うポイントは、「或る」と「任意」を都合良く交換可能にするという点にある。

（5）「非規準的」という語は、たしかに「規準的」という語を前提している。だから、「非規準的」というと、規準的なものが成立した時に、それから見て「規準的で**ない**」もののことを言っているように見えるかもしれない。だが、ここで言いたいのは、あるクラスのなかの補集合ということではなく、まだクラスができる前の出来事である。「規準的でない」というよりも、「規準的ということが言える以前」といった意味である。先取りして言っておけば、「規準的なものが**まだない**」という「非」から、「規準的なもの**でない**」という対立的な「非」への「変様」が問題なのである。

（6）フッサールはそのような時間的発生ではない転換の構造を「変様」（Modifikation）という語で言い表

していた。
(7) このことはいわゆる「超準解析」の文脈において最も明瞭となる。（一様）位相空間Xの構造を定めることは、そのXの「超準拡大」と呼ばれる集合（のある種の部分集合）における「同値関係」を定めることにほかならない。
(8) E・フッサール『幾何学の起源』田島節夫・矢島忠夫・鈴木修一訳、青土社、二〇一四年。

第三章

(1) といっても、「数学」とも「現実」とも違う、まだ知られていない「より根源的な」第三の次元があるというのではない。すでに数学の定理に関して論じたのと同様に、「数学」を問うたり、「現実」を問うたりすることは、なくても済むような非本質的なことではない。必ず数学から出発しなければならないというわけではないが、われわれの考察の成果は、数学を取り上げることなしには得られなかったものである。ここで問題なのは、「根源的なものとその派生態」という思考図式では捉えられない事柄であって、「それでなくても構わない」ようなものが決定的な役割を果たすという、どこにも固定的な繋留点をもつことのない思考法なのである。「非規準的選択」というのは、まさにそのような思考を示唆しているのであり、通常の思考が繋留点に頼ろうとするときに、その裏をかくような仕方ですでにその思考を貫き成り立たせているような運動を言い表そうとしているのである。
(2) 以上について、詳しくは田口茂『現象学という思考――〈自明なもの〉の知へ』筑摩選書、二〇一四年、第二章を参照。
(3) 正確には、一方の行き先が他方の根元と一致しているときにかぎり合成できる。射gと射fを合成して得られる射は$g \circ f$のように書かれることが多い。
(4) しばしば、id_Aのように書かれる。ここでAは、この射の根元（であり行先）を表す。Aを根元とする射g、Aを行き先とする射fに対して、$g \circ id_A = g$, $id_A \circ f = f$が常に成り立つような射を指す。

（5）すなわち、$h\circ(g\circ f)=(h\circ g)\circ f$が成り立つということ。

（6）圏についてより詳しいことはたとえば西郷甲矢人・能美十三『圏論の道案内――矢印でえがく数学の世界』（技術評論社、二〇一九年）などを参照。

（7）「1から6へのプロセス」であれば、どれも等しい見方もありうるだろうし、通過する面の順列が等しければ等しいという見方もありうる。あるいは、通過する際の速度まで見ようという見方もありうるだろう。このように、ふたつのプロセスが「等しい」とはどういうことかについては、いろいろな基準がありえようが、ここではなんらかの基準を一旦固定して考えているとする。「等しさ」に関しては、第二章コラムを参照。なお、「高次元圏」と呼ばれる圏の一般化においては、射の間の「等しさ」をも「同型」として「緩めて」考えることが不可欠である。

（8）このことを数学的に厳密に定式化したのが、ケーリーの表現定理や、米田の埋め込みと呼ばれるものである。詳しくはたとえば、圏論の歩き方委員会編『圏論の歩き方』（日本評論社、二〇一五年）を参照のこと。

（9）関手についての詳しいことはたとえば西郷・能美『圏論の道案内』を参照。

（10）自然変換についての詳しいことはたとえば西郷・能美『圏論の道案内』を参照。

（11）S・マックレーン『圏論の基礎』三好博之・高木理訳、丸善出版、二〇一二年、二二一―二二三頁。

第四章

（1）詳しくはたとえば西郷・能美『圏論の道案内』を参照。

（2）Husserl, E. (1984) *Logische Untersuchungen*, Zweiter Band, I. Teil, *Husserliana* XIX/1, Den Haag: Martinus Nijhoff, pp. 85–92、田口茂『フッサールにおける〈原自我〉の問題――自己の自明な〈近さ〉への問い』法政大学出版局、二〇一〇年、二〇三―二〇七頁参照。

（3）以下、経典の翻訳は石飛道子『「空」の発見――ブッダと龍樹の仏教対話術を支える論理』（サンガ文庫、二〇一四年）におけるものに従う。
（４）田口茂「「私」の定義としての「身代わり」――主体の唯一性と留保なき普遍性をめぐって」『現代思想』二〇一二年三月臨時増刊号・総特集レヴィナス　40(3)、二〇八―二二三頁参照。
（５）田辺元も、われわれの自己は「空有《くうう》」として与えられているという。実体としての「有」ではなく、あくまで媒介としての「空有」である。身体としての私の存在は、この世で社会的な実践において他人を助ける、他人の救済に寄与するために私に仮に与えられているにすぎない。この世で他の存在者に働きかけることができるためには、身体としての存在がなければならないからである。ここでも、「自己」そのものの根本的な倫理性が語られている。以下を参照。田口茂「田辺元――媒介の哲学　第４章　懺悔道と悪の弁証法」『思想』二〇一七年第一号、八〇―一〇二頁。Shigeru Taguchi (2015) Non-being Self as Mediator in Tanabe Hajime's Philosophy. *Taiwan Journal of East Asian Studies* 12(1), pp. 25–40.
（６）「私」を普遍的実体と捉える見方を真面目に展開したのがウパニシャッド哲学（アートマン＝ブラフマンという考え）であると言ってよいと思われるが、この実体論を解体しようとしたのが仏教である。後で述べるように、われわれの考察はこうした仏教的営みに近いと思われる。（「無我」と言われているのは、「アートマンではない」ということであって、単に「われわれがふだん自我と思っているもの、「私」として言い表しているものがまったく存在しない」と言っているわけではない。むしろ「私」の実体論を含めたすべての実体論からの脱却を意図しているのである。）
（７）以下の論文では、この概念を比喩の理論に適用することを試みている。布山美慕・西郷甲矢人(2019)「不定自然変換理論の構築：圏論を用いた動的な比喩理解の記述」、『知識共創』第８号、III5, 1–11.
（８）注（６）参照。
（９）Husserl, E.: *Analysen zur passiven Synthesis*, *Husserliana* XI, hg. M. Fleischer, Den Haag: Martinus Nijhoff, 1966, p. 3.　フッサール『受動的綜合の分析』山口一郎・田村京子訳、国文社、一九九七年、一三頁
（10）以下の動画を参照。（Wikipedia「位相幾何学」の項より）

https://ja.wikipedia.org/wiki/%E4%BD%8D%E7%9B%B8%E5%B9%BE%E4%BD%95%E5%AD%A6#/media/%E3%83%95%E3%82%A1%E3%82%A4%E3%83%AB:Mug_and_Torus_morph.gif

第五章・附論

（1）なかには、（数多くの実験的な強い状況証拠にもかかわらず）時代が進展することで再び決定論の理想が回復されるだろうと考える物理学者も存在する。たとえば多世界解釈の支持者たちのなかにはそのような人々が見られる。

（2）とりわけ生理学者・神経科学者のベンジャミン・リベットによる実験が大きな波紋を呼んだ。これは、「準備電位」と呼ばれる特徴的な脳波の変化がわれわれの「自由な意思決定」に先立って観察されることを示し、われわれが意識しうる意思決定の三〇〇ミリ秒ほど前に脳はその準備を始めていると考えられた。これは、「われわれの意志は、われわれが意識しうる前に、脳によって無意識的に決定されている、したがってわれわれに自由意志はない」という解釈を呼び起こした。しかし最近では、この解釈に反する実験が複数現われており、議論は収束していない。

（3）ここにおいて、確率概念についての主観説・頻度説・傾向説に関するすっきりとした理解とその統合が得られるが、ここでは先に進む。

（4）それどころか、量子論の基礎に関する研究が明らかにしたことは、（相当に自然な仮定の下で）因果律は決定論と「矛盾する」ことになるケースが存在する、という事実である。もしも因果律（原因は結果に時間的に先行する）を認めるなら、決定論を捨てなければ（よほどアクロバティックな仮定をしないかぎり）説明がつかない、というような実験結果が得られているのである。その例がいわゆる「ベルの不等式の破れ」を検証したアスペらの実験である。このベルの不等式とその破れについて簡単に説明しておこう。量子論の基礎をめぐる文脈において、「局所性」および「実在論」と呼ばれる概念が議論の土台に据えられることが多い。ここでいう「局所性」は、上に述べた因果律に対応するものであり、「実在論」は（哲学における概念とは異なり）「各時点で（われわれは知らないが）物理量の値は確定している」ということであり、決定論はこの意味での実在論を前提としている。「局所性」と「実在論」が妥当するならば、物理量どうしの相関（統計的な量としての）が「ベルの不等式」（より正確にはベル自身が発案したものと同様な別の不等式だが）と呼ばれる不等式を満たす必要があるのだが、アスペらは非常に繊細な仕方で用意されたある種の光子のペアの「偏光」という量に関して、このベルの不等式が満たされないことを実験的に示した。これにより、局所性と実在性のいずれかは捨てなければならないことが導かれる。よって、もし局所性すなわち因果律を保持しようとするならば（そしてほとんどの物理学者は実際上これを保持する道を選んでいるのだが）、実在性、したがってそれを前提とする決定論を、放棄しなければならない。繰り返すが、「実在性を捨てる」といっても、世界が実在しないとかそういった話をしているわけではなく、あくまでテクニカルタームとしての実在性、すなわち「各時点で物理量の値は確定している」という想定を放棄しなければならないということである。このことについては、本書で繰り返し述べてきたとおりである。

（5）ここでわれわれは仏教的な「縁起」の思想だけではなく、ホワイトヘッドの現実的存在（actual entity）の理論も思い浮かべている。

（6）ここで「依存」と呼んでいるのは仏教的に言えば「縁起」のことであり、それは「決定論でもなければランダムでもない」という「中道」を表している。そして、「自由」と言われているのが「空」に対応すると言ってよいだろう。（ちなみに、事柄、現実の根本原理から出発して人間的生のあり方までを理解したいというわれわれの動機は、ある種の「論理」としての仏教からインスパイアされたものでもある。）

（7）そのような主張をしている論者としては、ロジャー・ペンローズ（Roger Penrose）やスチュワート・ハメロフ（Stuart Hameroff）などがいる。たとえばPenrose, R., *The Emperor's New Mind: Concerning Computers, Minds, and The Laws of Physics*, Oxford University Press, 1989（『皇帝の新しい心――コンピュータ・心・物理法則』林一訳、みすず書房、一九九四年）参照。

（8）この例は、よく見られるグッピー効果の説明とは異なるかもしれないが、この効果にとっては問いの順序の重要性、すなわち「非可換性」が本質的であるとわれわれは考えている。

(9) 明出伊類似・尾畑伸明『量子確率論の基礎』(牧野書店、二〇〇三年)などを参照。

(10) たとえば高橋泰城「量子意思決定論における合理性」『科学哲学』46-2、二〇一三年参照。本章附論も参照。

(11) Saigo, H. (2012), A New Look at the Arcsine Law and "Quantum-Classical Correspondence", *Infinite Dimensional Analysis Quantum Probability and Related Topics* 15(3), 1250021.

(12) たとえば小嶋泉『量子場とミクロ・マクロ双対性』(丸善出版、二〇一三年)を参照。

(13) たとえば明出・尾畑、前掲書を参照。

(14) 以下を参照。Froese, T., Taguchi, S. (2019) The Problem of Meaning in AI and Robotics: Still with Us after All These Years, *Philosophies* 4(2), 1-14.

(15) これはフッサールが「超越論的」という(幾分仰々しい)言葉で言おうとしていたことに触れている。とても単純だが、あまりに基本的すぎて、つかむのが難しい事柄である。これを突き詰めようとすると、フッサールが「原自我」という(これまた仰々しい)言葉で語った事象に行き当たるはずである。田口茂『フッサールにおける〈原自我〉の問題』(前掲)参照。

(16) その最も有名な例はグロタンディークらによる代数幾何学の再構築であろう。近年話題となっている望月新一の「宇宙際タイヒミューラー理論」も(著者らはその具体的な内容については理解していないが)同様な意味での普遍性の探求であることは間違いないように思われる。こうした理論においては、第三章において述べた圏論的な枠組みが本質的な役割を果たす。

(17) これこそ「説一切有部」が陥った罠ではないか。つまり、私は実体ではないが縁起は実体として存在していると考えてしまうという罠である。これを批判し、縁起自体の実体化というあり方から思考を解放しようとしたのがナーガールジュナである。「問いがなければ答えがない」ということは仏教的にいえば縁起に対応すると思われるが、この縁起自体が縁起という仕方で生起しているというところまで突き抜けていく必要がある。

(18)ここでわれわれは道元の「弁道話」における「はなてばてにみてり」という言葉を想起する。フッサールも、少なくとも表面上似たことを言っている。「一切を放棄することは一切を手に入れることを意味する」(Husserl, E. [1959] *Erste Philosophie, Zweiter Teil, Husserliana* VIII, Den Haag: Martinus Nijhoff)。

(19)決定論は問いを斥ける。問いというものを無化してしまう。決定論が自由と対立するのはそのためである。(決定論を自由と両立させようとする議論は、この点に目を向けていないように思われる。)

(20)ここでわれわれはライプニッツが言及している「怠け者の理屈」を想起する。ライプニッツは、「神によって一切が決定されている」と考えることから、「自分は何も決めなくてよい、自分が何をするかは、神がもう決定してしまっているのだから」と主張することを、キケロにならって「怠け者の理屈」と呼んだ(「形而上学叙説」清水富雄・飯塚勝久訳『世界の名著30　スピノザ・ライプニッツ』中央公論社、一九八〇年、第四節)。

(21)『ディーガナカ経』には、「一切の見解を認めない」というディーガナカが出てくるが、それに対しブッダは、「あなたは〈一切の見解を認めない〉というそのあなたの見解をも認めないのか」と問う。これに対しディーガナカは、「認めない」と言わざるをえなかった。ブッダはそれを誉め、最終的に自らの見解をも否定することは解脱に近いとした。ここからすれば、一切について何も決定しないという態度は、それを頑迷に主張するかぎり、自分自身を棚上げにしていることになる。これに対し、自分自身をも棚上げにしないところまで徹底するなら、その主張は自分自身からも自由になり、実践に近づくことになる。

(22)ここで言われていることは、レヴィナスの後期哲学に見られる「言うこと」と「言われたこと」、そして「身代わり」(substitution)の概念にも関係しているように思われる。レヴィナスにおいてこれらのテーマは「倫理」に関わっている。

(23)ここでわれわれはナーガールジュナを意識している。ここでわれわれが目指しているのは、自己自身を解体する思考、すなわち、絶対的な固定化を解消し、かつその思考自体をも固定的なものとしては解体するような思考である。

（24）以下の設定は、後で扱う Shafir, E. & Tversky, A. (1992) Thinking through Uncertainty: Nonconsequential Reasoning and Choice. *Cognitive Psychology* 24(4), 449-474 のバージョンを採用した。

（25）注（24）参照。

（26）Pothos, E., Busemeyer, J. R. (2009) Quantum probability explanation for violations of 'rational' decision theory, *Proceedings of the Royal Society B: Biological Sciences* 276 (1665): 2171-8.

（27）Luhmann, N. (2000) *Vertrauen*, Stuttgart: Lucius & Lucius, p. 29（ルーマン『信頼――社会的な複雑性の縮減メカニズム』大庭健・正村俊之訳、勁草書房、一九九〇年、四二頁：本文中の訳はドイツ語から直接訳出）。

あとがき

本書が見出したのは、「いまここ」での具体的な実践がただちに「自由」でもあるような思考のあり方であり、それこそが「現実」を考えること、そして「現実」のなかで考えることにほかならない、ということであった。端的にいえば、本書において展開しようとしたのは、この「現実を現実のなかで自由に考える」という実践、いわば「現実論」としての哲学のあり方である。この「現実論」としての哲学というコンセプトは、「問い」である「現実」に真正面から取り組もうとするあらゆる思考と通底し、狭い意味での哲学の範囲を越境するが、そのことによって哲学を復権しようとするものでもある。このような「現実論」においては、いわゆる哲学の専門家ではない人々との協同が必要となるだろう。しかしそれは、哲学を薄めてわかりやすくしたり、哲学を科学に「適合」させたりするような営みではなく、むしろその対話によって「共に哲学する」ことでなければならない。本書において試みられたことは、まさにこれであった。哲学者と数学者が、「現実論」としての哲学を共に行ったのが本書である。こうした「現実論」の一つのささやかな試みとして、本書が読者諸兄姉の思考のきっかけになりうるなら、本書はその役割を十分に果たしえたことになるだろう。

本書が生まれるに至った経緯は、九年前に遡る。山形駅前に髭を蓄えたオランダ人男性が降り立った。彼の名はピート・ハット（Piet Hut 以下人名は敬称略）。アインシュタイン、ゲーデル、フォン・ノイマンなどが在籍したことで知られるアメリカの研究機関、プリンストン高等研究所（Institute for Advanced Study）の教授である。現象学者ダン・ザハヴィの勧めで田口に連絡を取り、日本滞在中にわざわざ訪ねてくれたのである。それから数時間、著者の一人である田口はハットと語り合い、意気投合する。そこでハットが語り出す。「西郷さんという人がいる。数学者で、圏論にも詳しいのだが、圏論と現象学はたぶん相性がいいと思う。ぜひ西郷さんと三人で、現象学と圏論を一つにした入門書を書いてみてはどうだろうか？」

ハットの紹介で西郷と田口は対話を開始する。そこですぐに、互いの考え方が分野を超えて通じ合うことに気づいた。数学と哲学と、互いの分野は異なるのに、考え方の核のようなものがとても近いため、互いの言うことが面白いように理解できる。しかも、お互いのバックグラウンドは異なるので、自分の考えが別の分野の知見によって補完され、拡張され、思いもよらぬ形に変換され、予想もできない領域とつながっていく。すぐにわれわれはこの対話に夢中になった。

ハットは東京工業大学の地球生命研究所（ＥＬＳＩ）設立などのためにやがてきわめて多忙になり、対話に加わることは稀になってしまったが、西郷と田口は、その間も途切れることなく対話を続けた。最初はひたすら面白がって話していただけだが、やがて書きためたメモが増えてきたため、一緒に何かまとまったテキストを書いてみようということになった。書いてみると、これがまた面白い。自分たちの考えがテキストの形で眼の前に現われると、これに自分たち自身で驚き、刺激され、またさらに書き継いでいく。そうして、発表する当てもなく、二人で書いた文章が少しずつ増えていった。

二〇一六年頃、この話に興味をもった神経科学者・土谷尚嗣の求めにより、われわれは彼に原稿を渡した。われわれとしては、賛同してもらえる自信があったわけではない。しかし、彼の反応は、われわれが想像したよりもずっとポジティヴだった。「ぜひ発表した方がいい」という彼の勧めに従って、われわれは出版に向けて重い腰を上げた。それまでは、とにかく自分たちで思考をどんどん先に進めることが面白く、発表に向けて原稿を整えたり、発表に向けた諸事を滞りなく進めたりすることより、対話の方にのめりこみがちだったのである。その後、神経科学者・吉田正俊も原稿を読み、「大変面白い、興奮した」という感想を寄せてくれた。著者たちはこうした反応に勇気づけられ、出版に向けた原稿の整備を進め、筑摩書房に原稿を送るところまでこぎ着けた。こうしてできあがったのが本書である。

本書は、執筆方法に関しても特異であると思われる。著者たちは、最初は京都と山形、のち京都と札幌という離れた都市に住んでいたので、主にインターネット電話サービスを用いて対話を行った。執筆にも、同じくインターネット上のドキュメント作成サービスを利用した。オンライン通話で対話しながら、ウェブブラウザを通じて、お互いが同じファイルにリアルタイムで書き込み、それを修正していったのである。これによって、原稿をやりとりして時間差で修正していくというのではなく、まさしく会話しながら同時に一つのテキストを二人で書くということが可能となった。それゆえ、本書は、数学者と哲学者の文章をパッチワークのように組み合わせたのではなく、どの一文も、二人で共同して書いたといってよい。新しいテクノロジーを用いることによって、二人の著者の思考が完全に融合した執筆スタイルが可能となったのである。

本書の出版にあたっては、右に述べたピート・ハット、土谷尚嗣、吉田正俊という研究者仲間だけでなく、多くの方々にお力添えいただいた。数多くの研究者や学生たちとの議論が、本書の叙述に生かされていることは間違いない。筑摩書房の北村善洋氏には、編集の過程で大変お世話になった。九年の長きにわたり、様々なかたちで対話や執筆をサポートしてくださったすべての方々に、深く感謝したい。

二〇一九年七月　　京都＝札幌にて

著　者

西郷甲矢人（さいごう・はやと）

一九八三年生まれ。長浜バイオ大学バイオサイエンス学部准教授。専門は、数理物理学（非可換確率論）。京都大学理学研究科（数学・数理解析専攻）博士後期課程修了。博士（理学）。共編著に『圏論の歩き方』『指数関数ものがたり』（ともに日本評論社）、『圏論の道案内』（技術評論社）など。

田口茂（たぐち・しげる）

一九六七年生まれ。北海道大学大学院文学研究院教授、同大学人間知・脳・AI研究教育センター（CHAIN）センター長。専門は、西洋近現代哲学（特に現象学）など。早稲田大学大学院文学研究科修士課程修了、同研究科博士後期課程にて単位取得後、二〇〇三年ドイツ・ヴッパータール大学にて哲学博士号取得。著書に『現象学という思考』（筑摩選書）、『フッサールにおける〈原自我〉の問題』（法政大学出版局）など。

筑摩選書 0182

〈現実《げんじつ》〉とは何《なに》か　数学《すうがく》・哲学《てつがく》から始《はじ》まる世界像《せかいぞう》の転換《てんかん》

二〇一九年十二月一五日　初版第一刷発行

著者　西郷甲矢人《さいごうはやと》
田口　茂《たぐちしげる》

発行者　喜入冬子

発行所　株式会社筑摩書房
東京都台東区蔵前二-五-三　郵便番号　一一一-八七五五
電話番号　〇三-五六八七-二六〇一（代表）

装幀者　神田昇和

印刷　製本　中央精版印刷株式会社

 ISBN978-4-480-01690-4 C0310

筑摩選書 0069

数学の想像力
正しさの深層に何があるのか

加藤文元

緻密で美しい論理を求めた哲学者、数学者たちは、真理の深淵を覗き見てしまった。彼らを戦慄させた正しさのパラドクスとは。数学の人間らしさとその可能性に迫る。

筑摩選書 0070

社会心理学講義
〈閉ざされた社会〉と〈開かれた社会〉

小坂井敏晶

社会心理学とはどのような学問なのか。本書では、社会を支える「同一性と変化」の原理を軸にこの学の発想と意義を伝える。人間理解への示唆に満ちた渾身の講義。

筑摩選書 0082

江戸の朱子学

土田健次郎

江戸時代において朱子学が果たした機能とは何だったのか。この学の骨格から近代化の問題まで、思想界に与えたインパクトを再検討し、従来的イメージを刷新する。

筑摩選書 0087

自由か、さもなくば幸福か？
二一世紀の〈あり得べき社会〉を問う

大屋雄裕

二〇世紀の苦闘と幻滅を経て、私たちの社会はどこへ向かおうとしているのか？　一九世紀以降の「統制のモード」の変容を追い、可能な未来像を描出した衝撃作！

筑摩選書 0093

キリストの顔
イメージ人類学序説

水野千依

見てはならないとされる神の肖像は、なぜ、いかにして描かれえたか。キリストの顔をめぐるイメージの地層を掘り起こし、「聖なるもの」が生み出される過程に迫る。

筑摩選書 0095

境界の現象学
始原の海から流体の存在論へ

河野哲也

境界とは何を隔て、われわれに何を強いるのか。皮膚・家・国家――幾層もの境界を徹底的に問い直し、3・11後の世界の新しいつながり方を提示する、哲学の挑戦。

筑摩選書 0098

日本の思想とは何か
現存の倫理学

佐藤正英

日本に伝承されてきた言葉に根差した理知により、今・ここに現存している己れのよりよい究極の生のための地平を拓く。該博な知に裏打ちされた、著者渾身の論考。

筑摩選書 0102

ノイマン・ゲーデル・チューリング

高橋昌一郎

20世紀最高の知性と呼ばれた天才たち。同時代を生きた三人はいかに関わり、何を成し遂げ、今日の世界に何を遺したか。彼ら自身の言葉からその思想の本質に迫る。

筑摩選書 0104

映画とは何か
フランス映画思想史

三浦哲哉

映画を見て感動するわれわれのまなざしとは何なのか。本書はフランス映画における〈自動性の美学〉にその答えを求める。映画の力を再発見させる画期的思想史。

筑摩選書 0106

現象学という思考
〈自明なもの〉の知へ

田口茂

日常における〈自明なもの〉を精査し、我々の経験の構造を浮き彫りにする営為――現象学。その尽きせぬ魅力と射程を粘り強い思考とともに伝える新しい入門書。

筑摩選書
0109

法哲学講義

森村 進

法哲学とは、法と法学の諸問題を根本的・原理的レベルから考察する学問である。多領域と交錯するこの学を、第一人者が法概念論を中心に解説。全法学徒必読の書。

筑摩選書
0111

柄谷行人論
〈他者〉のゆくえ

小林敏明

犀利な文芸批評から始まり、やがて共同体間の「交換」を問うに至った思想家・柄谷行人。その中心にあるものは何か。今はじめて思想の全貌が解き明かされる。

筑摩選書
0113

極限の事態と人間の生の意味

岩田靖夫

東日本大震災の過酷な体験を元に、ヨブ記やカント、ハイデガーやレヴィナスの思想を再考し、「認識のかなた」としての「人間の生」を問い直した遺稿集。

筑摩選書
0137

〈業〉とは何か
行為と道徳の仏教思想史

平岡 聡

仏教における「業思想」は、倫理思想であり行為の哲学でもある。初期仏教から大乗仏教まで、様々に変遷してきたこの思想の歴史と論理をスリリングに読み解く!

筑摩選書
0138

ローティ
連帯と自己超克の思想

冨田恭彦

プラグマティズムの最重要な哲学者リチャード・ローティ。彼の思想を哲学史の中で明快に一から読み解き、後半生の政治的発言にまで繋げて見せる決定版。